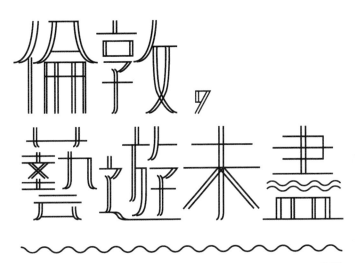

倫敦，
藝遊未盡

在 地 人 的
私 房 藝 文
靈 感 基 地

牛沛甯　著

謹以此書獻給

為我付出最大心力與愛的母親、在經濟和生活上總是不遺餘力支持我的父親；

我的靈魂伴侶和人生夥伴，能有幸一同分享苦樂、陪伴彼此的偽雙胞胎伊；

以及在倫敦相遇，看似偶然其實每一步都是意義，終能深刻、包容與愛的美好記憶，Yu。

最後，感恩一路護佑圓滿我走這趟旅外之路，此世也終將領著我回家的生命導師，

妙禪如來。若沒有妙禪師父，就沒有今天的《倫敦，藝遊未盡》。

感恩 妙禪師父！讚歎 妙禪師父！

追求不遺餘力的美好生活態度

很巧合的,我生平第一次出國,地點就是倫敦,還記得是 1996 年,我代表當時的公司參加
英國總公司的經銷商大會。第一次造訪倫敦的感覺很奇妙,入住旅館時已經是晚上 10 點,
大部分的商店已經關門,我卻掩不住內心的興奮,獨自走在牛津街上,看著一個又一個陌生
的品牌櫥窗,好奇地探索著,同時大口呼吸著清冷的空氣,一種很不真實的感覺,這就是我
對倫敦的第一印象。

爾後因為工作需要,我曾經一年內遠赴倫敦四次之多,自然越來越熟悉 Camden Market、
Piccadilly Circus、Covent Garden、Knights Bridge 等區域,飽覽音樂劇、跳蚤市場、百年經
典百貨公司、博物館、公園、倫敦塔、泰晤士河遊船、大笨鐘、教堂,一直到後來才有的倫
敦眼,都讓我深深愛上這個迷人的城市,更開始探索英國的文化、時尚、戲劇,除了一定要
看的音樂劇之外,我特別鍾愛英國相關歷史或經典戲劇,例如珍奧絲汀所改編的電影或劇
集、電視劇《唐頓莊園》、《Cranford》、《百貨人生》(*Mr. Selfridges*)、《白羅神探》,
甚至小時候看過的《步步驚魂》(*Thriller*),至今仍是我休閒時一看再看的劇集。

倫敦的前衛與經典是如此和諧並存,我喜歡老派的英國文化(下午茶、家用擺設……),也
欣賞前衛的英倫時尚(電子樂、龐克、Vivienne Westwood……),然而身為一個異國人,
一旦到了喜歡的城市,旅遊難免變成一種制式化的行程,藉由大眾旅遊書上的推薦景點及部
落客的旅遊分享文僅能獲取皮毛,若想要再深入了解,就得採用居遊的方式,從觀光客的觀
點進化為新住民的視角來了解一個城市。好比老牛今年夏天在法國旅遊就刻意避開巴黎,因
為已經不想再跟著一票觀光客進行每天重複的行程。

於是,如果你/妳也像我一樣喜歡倫敦,也對倫敦已有一些初步了解,我非常推薦你/妳閱
讀本書,本書的作者是我的親姪女,她從 2012 年先赴倫敦西敏寺大學攻讀時尚經濟管理碩
士,畢業後又陸續幫雜誌採訪、撰寫文章,以她長期在倫敦居遊的經驗,特別整理出許多私
房導覽景點,帶你更深入了解倫敦的創意環境。看完本書,我已經開始規畫下一次的倫敦行
程,像是我最喜歡的藝文之旅又多出好多選擇:國家肖像藝廊、V&A 孩童博物館、Museum
of Brands、Zabludowicz Collection、Maison Assouline、Roundhouse、Union Chapel,而書
中所列的 Marylebone High Street、Lamb's Conduit Street、Exmouth Market、Bermondsey
Street、Brixton Village、Redchurch Street,則成為我的逛街新地標,時間最好安排在 5 月中
下旬,還能夠參觀 Photo London 攝影展以及 Offprint London 的藝術書展。正如同作者沛甯
所言,倫敦可以滿足所有追求生活品質不遺餘力的你/妳,一再前來體驗倫敦人的美好生活
態度。

美容教主

馬來貘倫敦初體驗

我在倫敦短短5天
體驗了所有倫敦生活的精彩
都要感謝我的倫敦保姆 Vicky牛小姐♡

人氣插畫家 Cherng

Cherng
2015

觀光客不能錯過的倫敦「玩」全指南

因為工作，我必須經常去倫敦；雖然常去，不過因為開會的時間多，所以其實我對她根本不了解，程度僅及觀光客等級。因此在當地念書的小牛，這幾年都是我在倫敦固定會打擾的對象。

大部分時間，我會用前老闆的特權，要求她幫我安排，在開會之餘所剩無幾的自由時間；但其實更多時候，我是期待透過她的帶領，可以讓我這個鄉巴佬不管是透過一頓飯、一場精采的展覽，還是在一家充滿好物的店內血拼，幫助我一次比一次地，更認識這個永遠都有新鮮事發生的城市。

在倫敦面前，每個人都像是個渴求新知的孩子，很高興小牛在撇下我之後，用她這三年走跳倫敦的紀錄推出《倫敦，藝遊未盡》一書，這等於是為我準備了一本另類探索倫敦的「玩」全指南。

VOGUE/GQ 集團董事總經理

一本精采絕倫的倫敦寶典！

仔細想想我和小牛大概只在我主持的時尚精品活動上見過兩三次面，老實說，精品活動開始前現場有如戰場，從品牌客戶、主持人、公關公司、到秀導、模特兒、燈光、音響無不繃緊神經為求極致呈現時尚氛圍，所以交集並不多。但這個有著白皙精緻臉蛋，和有如古代仕女櫻桃小口的女生讓我印象深刻！不只是她那張極具東方美的臉孔，渾身散發的時尚味，還有言談間藏不住的文青氣息讓人不注意也難，果不其然，不久後她前往倫敦進修，同時為數本國際時尚雜誌擔任時尚特派，還成立了頗受好評的《NON-TWINS》FB 粉絲專頁。

在英國大肆吸收時尚和藝術養分的她，深入探索倫敦每個角落，舉凡藝文、音樂、饗樂、流行、次文化在地時尚人的秘密基地都被她挖了出來，幾位藝文界重量級大咖也在她循(威)循(脅)善(利)誘下招出私房景點，幾乎是你在其他旅遊書上絕對看不到的！像是東倫敦藝術家們聚集的咖啡廳、白天是 DVD 店晚上變身夜店的神秘酒吧、不能錯過的特色藝廊、泰晤士河畔饕客必訪的英式餐廳……這份景點清單實在是太讚了！我忍不住邊讀邊想著下回造訪倫敦的景象。

如果你需要一本真正深入倫敦的旅遊書，這本書裡的清單夠你玩好久；如果你愛倫敦的文化，這本書將帶你認識內行人才看得到的藝術面貌。說白話，就是一本 CP 值超高、錯過可惜的精采好書！

時尚主播＆精品活動主持女王

倫敦的遇見和分離

對短暫旅居英國的我們來說，倫敦的生活總是不停地遇見和分離。

遇見了新的朋友、新的事件，抵達了新的環境、新的角落，看見了新的演出、新的展覽、新的店面。有那麼多的人事物從這裡交錯而過，隨著這城市的波動，又一一說了再見。

於是我遇見了小牛，也遇見了她眼中的倫敦。
於是小牛遇見了倫敦，接著又跟倫敦告別。

這是一座多變且複雜的城市，復古又創新，開放又壓抑，頑固又包容；那樣地矛盾，那樣地讓人難以定義。複合文化的組成，多樣的藝術類型，搖滾樂、文學、時尚、電影，大量的旅外學生、大量的旅外工作者；在同一個城市內，生長著，流動著，交叉刺激著。總是伴隨著不穩定的天氣與交通，總是伴隨著時而快速時而靜止的時間軸；也總是，有也許已經在那裡很久很久，卻從來不知道的事物地點等著被發現。

作為一個同樣在城市文化邊緣不確定自己歸屬的旅外工作者，可以想像為什麼她會如此迷戀，一個同時可以擁有傳統和新元素，又能巧妙地融合在一起的地方。

儘管很多時候還是如此陌生。

一開始總是為了某種理由，離開了原本喜歡的家鄉；也許是想找一些無法預料的元素，也許是一直在追尋某種藝術的發源；也許只是害怕自己的沒有改變，想要短暫逃離，卻愛上了，另外一座城。

但倫敦的生活還是無法不變動，在這停留的總是旅人，總是那些好奇又善變的。所以，所有的相遇，也終究會是一段比較長的旅行，還是要回去。

於是小牛的旅行也到了一個段落，換她作為旅行的引導者，將很多篇幅撕開了一角。介紹著，推薦著，誘惑著，也許另一個準備要離開的人。
於是她將腦海中殘留的感受，集結成這本書；也許之後又是另一種生活的開始。可是相信她的旅途，與倫敦的情緣，並沒有結束。

告別了，終究還是會再相見。

旅英服裝設計師－APUJAN 設計總監

每一次，都倒空自己重新認識倫敦

每每想起倫敦，心裡總是很滿，話到嘴邊就啞然止住。好似自己即使追趕一輩子也難與之齊頭並進，更無法用某種談論一位絕代風華老友的欣慰語氣訴說，倫敦到底有多迷人。所以只好總是以大幅度仰角遙望，用一種感恩朝聖的心情，試著在偌大的城市片段裡，尋找可容身的精神角落。

若將倫敦擬人化，那麼站在她面前，我彷彿返老還童成剛學步的孩子，從零歲開始，觀看她、摸索她，並且心甘情願地被收服，讓她成為我生命的信仰。若回到真實的日常，我大概又會像英國知名繪本《尋找威利》(Where 's Wally?) 中，隱沒在茫茫人海中的主角威利，儘管渺小卻能獨一無二。在倫敦，即使每個平凡人的獨立存在，也都是那麼與眾不同。

在這座城市，每個人都容易迷失。你會迷失的不只是方向，更是摸不清楚時間、空間，深度與廣度。這種龐大的，讓人深陷於一個城市之中的滿足與失落，來自她深厚傲人的歷史與文化，更來自她對於個體差異（無論窮人、富人、小孩、外來民族、寵物）的尊重與包容力，因而造就出全世界任何一個相似規模城市，都無可比擬的多元創意姿態。

正因為如此，來到倫敦旅遊，千萬別入寶山卻空手而回，除了手裡能帶走的紀念品、眼裡看盡的倫敦風景，這本書想寫下更多的是，你可以對這城市真正刻下深刻記憶的方式。

在倫敦，藝術深入每個生活角落，文化是街頭巷尾的平凡小販，各司其職，各自發光。如果你也是旅遊與生命的愛好者，不妨每一次都以倒空自己的方式，和我一起用「心」踏上這片土地，讓自己重新再認識倫敦一次。

家附近步行不到五分鐘路程的泰晤士河畔，將倫敦知名地標盡收眼底，是我將永生難忘的秘密風景。

CONTENTS

文創達人帶路

過去提到英國，你一定很熟悉以下幾個關鍵字：
文學、搖滾樂、龐克文化、前衛時尚；現在提到倫敦，
綜合藝術、設計、人文、時尚等特色，越來越多人以此為目
的地出走旅行，更是許多創意工作者嚮往居住的文創之都。

常和朋友提到對於倫敦的特殊情感，在此居住短短三年（其他人可能覺得
久，自己則永遠嫌不夠），體會到英國人骨子裡與生俱來的紳士禮節，對於旅外
的亞洲人來說，一方面很有親切感（相較南歐民族有時會熱情到讓人吃驚），另一
方面卻也代表了，他們不容易對外來者打開心房。實際走入倫敦人的日常生活，感受這
一切微妙又深奧的文化差異，時常像是談戀愛隔層紗的曖昧滋味，令人既期待又怕受傷害，
不過，這也正是倫敦讓人難以招架的魅力所在。

既然如此，若想在短時間內嘗試走進倫敦人的生活，得靠點人脈和技巧。幸好在倫敦的
採訪生涯中累積了不少線索，探訪這五位各自在倫敦文創界占有一席之地的創意工作者，從設
計、時尚、攝影、藝術等多元視角，帶你進一步了解倫敦享譽國際的前衛創意環境，更一窺他們
私底下令人大開眼界的精采生活。

不敢說看完這五位達人的分享後，大家便能從此暢行無阻當個「偽倫敦人」，但由這些在文創
界打滾多年的 Londoner 領軍，應該也不虛此行了。

ZABOU

CHAPTER 1-1 FLORA MCLEAN

搞怪
征服世界
的
創意時尚女王

1996 年在倫敦創立時尚品牌 House of Flora，爾後 Flora 的作品
風靡全球時尚圈近 20 個年頭，搞怪、創意、大膽、前衛的風格是
她的經典標誌，包括 Lady Gaga 等當紅明星，都曾拜倒在她的瘋
狂點子下。除了以設計打破人們對時尚的想像，如今 Flora 也在倫
敦設計首府皇家藝術學院任職，持續以教育帶給後輩意想不到的時
尚創意能量。

20 年前，她用一頂帽子挑戰人們的想像極限，當時連愛搞怪的英國時
尚頑童 Paul Smith 都不敢進貨在店裡賣（雖然他本人很喜歡），
這頂塑膠製、擁有前衛流線造型的貝蕾帽，攻占各大國際時尚雜誌
版面，讓她一炮而紅，時至今日，甚至可以稱得上是骨董作品，
仍有讓人眼睛一亮的感染力（也持續在雜誌上現身），如同
設計師 Flora McLean 本人一般，歲月好似不曾從她身
上帶走創造力。你可以很直接地從她的設計中感受
到強烈的視覺效果，搞怪、簡潔卻優雅。在倫敦
敢做大膽設計的人很多，不過能把玩塑膠、
尼龍、壓克力等平價材質，創造出 High
Fashion 的高質感，或將生活中唾手
可得的物品（例如圓形扇子、玩具
風車等）翻玩成時尚配件，她
絕對是其中的佼佼者。

以一頂前衛貝蕾帽攻佔國際時尚版面 ©House of Flora

英倫藝術 DNA 打造時尚之路

牡羊座的 Flora 爽朗直接，像個熱情的孩子，招呼我參觀她位在西倫敦的工作室，原本應該還有位特別來賓，她的藝術家老爸 Bruce McLean 因為有事先行離開，卻在臨走前留了言還拍了張照給我（如圖），她嘲笑一番 Bruce 的古怪性格，但這不正是令人會心一笑的英式幽默？豈止虎父無犬女，這整個家庭，從父母到兄弟姊妹都擁有藝術設計的 DNA，也造就 Flora 從小在創作上的全方位表現，畫畫、雕塑、平面設計、時尚，似乎沒一樣難得倒她，最後也全成了她的創意養分，其個人品牌 House of Flora 就此誕生，那些搞怪、翻轉人們印象的設計，背後其實反映了英國倫敦的民族、文化和環境自然而然養成的獨特基因。

很羨慕國外在家庭與學校教育上的開放態度，在英國，進入大學前一年有基礎課程，可以讓學生盡情探索自己的興趣，最後再決定想走什麼專業。Flora 不好意思地說，其實她一直不確定自己是否走上正確的路（時尚），但什麼算是正確？我在她身上，還有許多曾訪問過的英國設計師身上都看到了相似的優點，因為不設限地累積實力，加上環境給予年輕人的多樣化自由，最終就會理出一條適合自己的路。雖然不見得人人有能力出國留學或生活，但藉由旅行，對一個國家、城市的深入探索了解，也可以從中獲得許多靈感啟發。

從旅行中累積創意養分

Flora 本人就是個熱愛旅行的代表，才從里約熱內盧回來的她，用崇拜的眼神跟我分享她喜愛的巴西建築大師 Oscar Niemeyer 的作品，她用感動的口吻說著，那個類似太空船造型的尼泰羅伊當代藝術博物館（Niterói Contemporary Art Museum）就是她的神聖教堂，她可以站在那裡仰望讚歎好久，即使這已經是第二次造訪；而倫敦泰晤士河南岸的藝術中心 Southbank Centre，則是她覺得最接近這種神聖感的地方。原來，除了剛剛提到的那些專長，Flora 對音樂、表演也充滿熱情，Southbank Centre 每個月都有豐富多樣的音樂會與各類型表演節目，是她與女兒假日消磨時光的心愛去處。

光是對比多年前第一次來到英國遊學，與三年的倫敦生活，就可以想像 10 年來這裡的幅員變化大到難以想像，更別說像 Flora 這樣在倫敦土生土長，活了半輩子的倫敦人了，讓人不禁好奇她眼裡的倫敦是什麼樣子。

Flora 與藝術家父親 Bruce McLean 共用工作室，採訪當天 Bruce 有事先行離開，卻留下訊息與照片存證：「進行陶藝創作中，必須先走了，掰！Bruce 留」十足英式幽默！

Flora McLean
倫敦老實説

Q：最喜歡的區域？

A：小時候曾經住在 Hackney（倫敦東北邊區域，現為藝術家的熱門聚集之地），當時那邊很不酷，現在很酷，但可我們卻不住在那了，真不巧！現在，我還是很常去那邊拜訪設計師朋友，也參加很多派對，花許多時間在那一帶。我住在西倫敦的公寓十幾年了，雖然這附近比較無聊（以公園和住宅區居多），但離市中心很近，最常去的應該是蘇活區（Soho）吧！有時候我也覺得自己很像觀光客（笑）。

Q：今非昔比的觀光景點？

A：諾丁丘（Notting Hill）和波特貝羅（Portobello）以前是很酷的地方，但這幾年改變很大，觀光客湧入，變得井然有序和太過乾淨，很可惜！紅磚巷（Brick Lane）也是一樣的情況，我記得我 15 歲時很常和姊姊去那裡挖寶，路邊攤都賣一些真正的骨董寶物，現在也不常去了。其實不只是倫敦，全歐洲都已經中產階級化，就連柏林，以前是很酷、很怪的地方，現在也都變得閃閃亮亮了！好多倫敦的建築物如今都超級豪華漂亮，我每次都在想，到底是哪些有錢人能住在裡面呢？（笑）

Q：觀光客如何當個「偽倫敦人」？

A：想接近倫敦人的生活，一定要去英式酒吧！Uxbridge Arms 是我最喜歡的一間，它空間很小，像個溫馨的家庭，會播放一些有趣的 Disco 音樂。

Q：哪個私房景點真的不想告訴別人（但你得告訴我的讀者）？

A：Uxbridge Arms! 以後去會不會看到台灣人在門口排隊？（笑）距離酒吧不遠的地方有一家叫做 Coronet 的老戲院，正在改建成劇院，我爸有參與改建工程。Coronet 應該是倫敦最後一家可以抽菸的戲院了。

Q：如果有個台灣來的大客戶要拜訪你，請你帶他看看道地的倫敦，你會怎麼安排行程？

A：天啊！我希望是夏天，你覺得他會喜歡皇家植物園（Kew Gardens）嗎？我好喜歡那邊，附近有一間很棒的法國菜餐廳 The Glasshouse，天氣好的話也可以去 Kew Gardens 來場美好的野餐。

Flora McLean 的達人路線
飽覽泰晤士河南岸的遊船之旅

適合季節：春夏，從 3 月底開始

花費時間：整天（遊船共計 3.5 小時）

交通路線：**Westminster** 西敏寺碼頭上船
　　　　　→ **Kew Gardens** 皇家植物園野餐
　　　　　→ **Richmond** 欣賞河岸豪宅美景
　　　　　→ **Hampton Court** 走訪亨利八世行宮

一般觀光客熟知的泰晤士河遊船之旅，幾乎僅停留在市中心幾個景點，大笨鐘（Big Ben）、西敏寺大教堂（Westminster Abby）、倫敦眼（London Eye）、塔橋（Tower Bridge）等，往北最遠可到另一個知名觀光景點格林威治村（Greenwich），但其實泰晤士河南岸的景色才是倫敦人心中真正的寶藏，Flora 透露自己非常喜歡在天氣好時來趟 Boat Trip！

由市中心出發往泰晤士河南岸有三個選擇，從西敏寺碼頭（Westminster Pier）出發，一路乘船往西南走，會經過英國皇家植物園（Kew Gardens）、英國西南著名的富人區瑞奇蒙（Richmond），最後抵達漢普頓皇宮（Hampton Court Palace），也就是大名鼎鼎的亨利八世曾經居住的宮殿（精緻壯麗的都鐸式建築，被譽為英國的凡爾賽宮）。除了美麗的宮廷建築和花園，就足以慢慢閒晃一整天，還能在旁邊的布希公園（Bushy Park）來場尋鹿之旅！布希公園被列為倫敦 11 個皇家公園之一，與鄰近的瑞奇蒙公園（Richmond Park）都可近距離觀賞大批野生馴鹿，去過的人都驚豔！

南岸的遊船之旅共耗時 3.5 小時，從市中心到西南六區的蜿蜒河道上，除了能飽覽美景與夢幻宅邸，更讓人印象深刻的是，能在一天之內體驗市中心到與世隔絕的大自然景緻，身為全世界最多綠地的城市，大倫敦的兼容並蓄是旅程中不能錯過的難忘記憶。擁抱了一天的大自然，回程時在 Hampton Court 火車站搭車，半小時就能直達市中心的滑鐵盧（Waterloo），Flora 還建議大家可以去南岸藝術中心（Southbank Centre）來場音樂藝文饗宴，為這趟旅程畫下完美句點。

泰晤士河上游的南岸鄉村風光

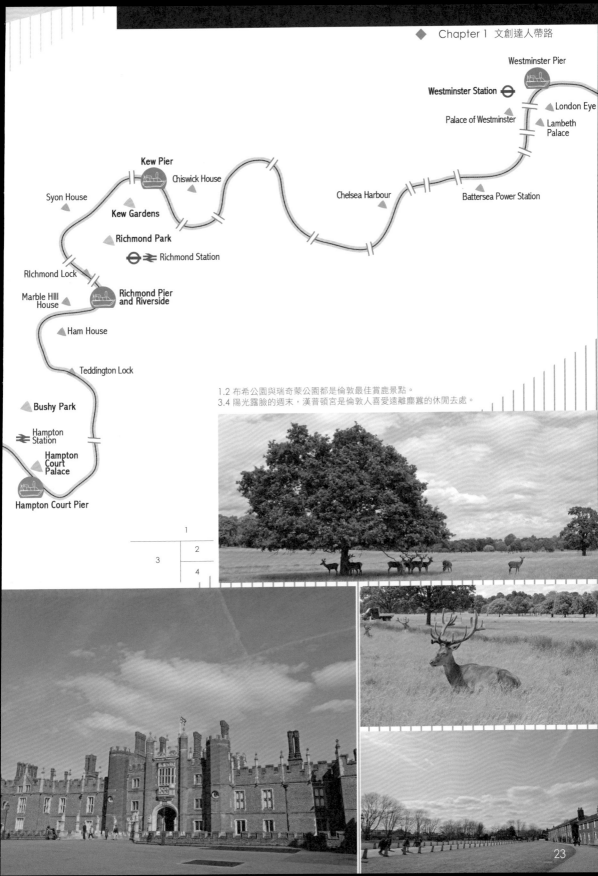

Westminster Pier

Westminster Station 🚇

London Eye

Palace of Westminster

Lambeth
Palace

Kew Pier

Chiswick House

Syon House

Chelsea Harbour

Battersea Power Station

Kew Gardens

Richmond Park

🚇🚆 Richmond Station

Richmond Lock

Marble Hill
House

Richmond Pier
and Riverside

Ham House

Teddington Lock

Bushy Park

Hampton
Station

Hampton
Court
Palace

Hampton Court Pier

1.2 布希公園與瑞奇蒙公園都是倫敦最佳賞鹿景點。
3.4 陽光露臉的週末，漢普頓宮是倫敦人喜愛遠離塵囂的休閒去處。

	1
3	2
	4

Flora & Bruce McLean 倫敦私房景點

Petersham Nurseries

1. The Golden Jubilee Bridge 泰晤士河上的私房夜景

如果晚上來到 Embankment 地鐵站旁的 The Golden Jubilee Bridge，可以欣賞到 Flora 最喜歡的私房夜景，她說即使已經去過很多次，每次經過那都還是忍不住讚歎太美了，在橋上眺望遠處燈光如同娃娃屋一般閃爍。

▸ Embankment 地鐵站

2. Portland 藝術味創意歐式料理

此為地處市中心的時髦歐式餐廳，精緻但不過分張揚的裝潢，充滿人文藝術感，如同它提供的食物一般，簡單美味卻充滿想像力。若是喜愛品酒的人，Portland 每個月都提供不同的酒單供客人選擇。

▸ 113 Great Portland Street W1W 6QQ　▸ Oxford Circus 地鐵站
▸ http : //portlandrestaurant.co.uk/home

3. Uxbridge Arms 達人私藏英式酒吧

在知名觀光區諾丁丘，是 Flora 全家人經常光顧的傳統英式酒吧，小小的空間洋溢溫馨氛圍，是體驗道地倫敦人日常生活的好去處。

▸ 13 Uxbridge Street, London W8 7TQ　▸ Notting Hill Gate 地鐵站

4. Coronet Cinema 西倫敦復古老戲院

1898 年誕生，為西倫敦早期的知名老劇院之一，1923 年成為戲院，是愛情喜劇電影《新娘百分百》中男女主角看電影的知名場景之一，由 The Print Room 藝術團體接手之後進行改建翻新工程，Flora 的父親 Bruce McLean 也受邀參與其中。

▸ 103 Notting Hill Gate, London W11 3LB　▸ Notting Hill Gate 地鐵站
▸ http : //www.the-print-room.org/

5. Petersham Nurseries 在倫敦郊區來場溫室花園下午茶

靠近倫敦富人區瑞奇蒙的 Petersham Nurseries，是許多當地人心目中的私藏寶地。由 Gael & Francesco 家族經營超過 10 年，當中的咖啡廳 The Café，其實是家曾在 2011 年獲得米其林一星殊榮的玻璃屋餐廳，受到許多名流喜愛；午茶室 The Teahouse 則是平日和週末午後的慵懶去處，提供各式蛋糕和有機鮮食。然而，Petersham Nurseries 真正讓人愛不釋手的並非它的名氣，園區內的溫室、苗圃等優雅的田園風光，加上經常舉辦的各式生活課程（烹飪、植栽、品酒等），更是喜愛園藝的倫敦人經常光顧的原因。買完鮮花盆栽、呼吸完芬多精，不妨在午茶室拉張骨董椅子坐下，欣賞園區主人栽下的一草一木與相得益彰的造景裝飾，嗅一口倫敦人的美好生活情趣。

★去之前記得查詢官網營業時間，週一未提供餐點只供應茶、咖啡等飲料。
▶ Petersham Rd, Richmond, Surrey TW10 7AB　　▶ Richmond 火車站轉乘公車
▶ http：//petershamnurseries.com/

The Golden
Jubilee Bridge

Uxbridge Arms

Coronet Cinema

CHAPTER 1.2
JACK ALEXANDER

用鏡頭
深度遊歷
倫敦的
人像攝影家

今年才 23 歲的自學攝影師 Jack Alexander，專精於拍攝自然風格人像，與多位英國知名
音樂人、演員、模特兒合作，並持續在雜誌與媒體上曝光。目前在倫敦擔任自由接案攝影師，
穿梭在大街小巷中挖掘城市的美好角落，並用鏡頭將人與風景一併記下。

有緣分結識 Jack，是在一次與攝影師好友的閒聊當中，得知這個年僅 23 歲，全靠自學的人像攝影師目前在倫敦很紅，頓時激起我的好奇心，上網搜尋 Jack Alexander，意外發現他竟累積了 6 萬多的 Facebook 粉絲，當下便決定要約他出來探探底細。畢竟倫敦年輕又有才氣的小伙子很多，但像他這樣已經累積了一定名氣，作品集中還出現不少明星客戶的卻不常見。

從一台朋友的相機開始攝影生涯

Jack 本人就像回覆我 email 時一樣親切熱情，讓人瞬間忘記這是工作，只想一頭栽進他的倫敦攝影故事。6 年前（他才 17 歲），從向朋友借了一台相機玩起，他開始瘋狂迷上攝影；18 歲生日時，他得到第一台屬於自己的數位單眼；上大學前的那個暑假，他每天的生活除了拍照還是拍照；更讓我意外的是他還熱愛寫作，電腦裡存了上百篇原創劇本。

另外，他出生在英格蘭北部靠近利物浦的黑池（Blackpool），卻在大不列顛與愛爾蘭中間的小島─曼島（Isle of Man）上長大，那裡是英國的皇家屬地，以法律上來說不算隸屬大英帝國，居民也僅有約 8 萬人，是個有自己貨幣及自主政府的小島。正是在這個一般觀光客不會特別注意到的秘境，Jack 初次邂逅攝影，遠離塵世的島嶼風光，深深影響 Jack 往後的攝影作品中，渾然天成結合人物故事與自然元素的個人特色。

「我喜歡拍人，一開始拍朋友或是路上搭訕的人。」Jack 大學時主修英語，沒有任何攝影專業背景，一直以來就靠著不停拍照累積作品和經驗。他和我大聊他的過去，兩人好幾次笑成一團，原先看個人檔案照片以為他是害羞內向的英國小生，結果低估了他的「搭訕」和社交功力，其實他的起步跟很多攝影愛好者一樣，磨練而專精，只是他在自學之路上，似乎很快找到行銷自己的一套生存法則；身為人像攝影師總得經常找人來拍，他喜歡不經意搭訕路上的陌生人，從起初用聊天瓦解他們心房，到後來的動作指導，以鏡頭為媒介創造彼此互相信賴的連結，最後反映在照片中，是被攝者最真實自然的眼神或片刻。

毛遂自薦換來名人客戶青睞

Jack 不滿足於此，來到倫敦後，更積極宣傳作品，起先他完全沒有業界人脈，於是他聰明地運用網路，以土法煉鋼的方式起步。「我很享受每天寄出大量的 email 找機會，甚至會到明星的 Twitter 留言，詢問他們是否能讓我拍照。」從模特兒仲介、經紀公司、品牌、音樂人到演員，Jack 靠著勤勞和誠意接到越來越多正式合作的工作機會，第一個名氣響亮的客戶是英國創作歌手 Charlotte Church，他用 Twitter 直接聯繫 Charlotte 本人，在國外，即使是名人，大部分也是自己經營 Twitter，因此得到回覆的機會很大。「她看了我的作品後很快答應要合作，請我直接和經紀人聯絡敲定時間。」

接著他發現若想長久經營名人拍攝，應該擔任雜誌的接案攝影師，只要有名人專訪的需求，就會請他來拍，如英國新生代搖滾金童 James Bay、紅遍全球的創作吟遊詩人 Passenger、美國電視劇《歌舞青春》演員 Zac Efron 等幾個案子陸續找上門，Jack Alexander 的人像攝影風格似乎在一步步經驗累積中建立起獨特定位和價值。日前 Jack 也獲邀登上《VOGUE》英國版的 15 位英國新銳攝影師專題，他對人像的情緒掌握與故事解讀，讓他在競爭激烈的大環境中，以積少成多的方式走出自己的一片天。

Jack 熱愛在照片中表現自然元素，從曼島到倫敦，很好奇他曾拍過最喜歡的場景有哪些？ 「有一次和朋友在曼島上散步，走著走著遇到一台廢棄的小飛機，詢問主人是否可以在飛機旁拍照，主人很爽快答應了！那渾然天成的場景真的很棒。」他笑説，眼前那彷彿音樂錄影帶中刻意搭建才能出現的畫面，美得好自然。來到倫敦工作後，Jack 必須時常穿梭在都市中尋找適合的拍攝場景，在倫敦拍照的難處是，不管是戶外或室內，大部分需要申請或付費，和隨走隨拍的曼島大不相同，想必他也自有一套辦法值得大家參考。

Jack Alexander
倫敦老實說

Q：在倫敦當攝影師，每天的行程是什麼？

A：我在倫敦的行程主要有三種。第一是在外面拍照，第二是在家裡修照片回 email，第三則是在各地跑來跑去，跟客戶開會，為了拍照做事前準備等等。當接案攝影師，經常會遇到的情況是，每週的計畫落差很大！有時候一段時間都沒有客戶聯絡，我心想完蛋了，我的事業毀了！接著有可能工作一來又會瘋狂的忙碌，我曾經在五天內有六個案子。

Q：在倫敦接到最瘋狂的工作經驗是什麼？

A：前一陣子我接到一個為期三天，在倫敦與威爾斯（Wales）地拍攝音樂錄影帶的工作。第一天和第二天一早我們在威爾斯拍，拍完便坐火車回倫敦（大約 2 小時車程），傍晚繼續拍；第三天清晨又趕回威爾斯拍完剩下的部分。還有一次我在下午 1 點鐘接到全國性大報紙的邀約，問我晚上 7 點能不能來幫一個演員拍照？或者又有一次，晚上 11 點半我正準備開始處理照片後製，就收到 email 問我早上 7 點半能不能到倫敦東北的城市艾塞克（Essex）拍照（從倫敦得坐 1.5 小時火車）？我心想，好吧……應該可以吧！（笑）所以我說，在倫敦當攝影師，每天都可能有不同的驚喜等著我！

Q：若在倫敦從事攝影工作，最簡單的管道是什麼？

A：聯絡模特兒經紀公司，只要他們喜歡你的作品，就能免費提供專業模特兒讓你拍！因為他們通常會需要攝影師幫忙拍模特兒的作品集；反之，攝影師也需要更多模特兒來拍以累積作品。有時我也會跟時尚部落客合作，我喜歡上網找有個性、有型的人，寫 cmail 給他們，然後就拍吧！

Q：若想在倫敦街道上執行專業攝影，有沒有什麼小祕訣？

A：臨場反應得夠快！有時候你可能想在某些地方拍一些特別的照片，往往容易引來警衛關注，即使在地鐵站或是橋上拍照，正規來說也必須申請。但一般若不是商業攝影只是個人作品，通常我都會先拍再說，如果發現有些場所可能不適當，再趕緊道歉。

Jack Alexander 的達人路線
盡收東倫敦風景的私房攝影之旅

適合季節：全年
花費時間：整天
交通路線：**Old Street Station** 集合地
　　→ **The Shoreditch Grind** 來杯咖啡再出發
　　→ **Shoreditch Adventure Park** 綠地取景
　　→ **Bridport Place** 斑駁磚牆之美
　　→ **Canal Walk** 運河旁頹廢佈景
　　→ **Balmes Road** 東倫敦國宅獨特風光

（左上）頹廢風格的斑駁圍籬都成了Jack鏡頭下的完美佈景。
（左下）東倫敦經常可見的運河風景。

既然從 Jack 口中打聽到這麼多在倫敦的攝影秘訣，不如再請他談談最喜歡的攝影路線吧！結果，意外挖到寶。雖然乍聽之下是常去的東倫敦，透過不同專業人士的眼光，我彷彿也窺見不一樣的風景。如果你熱愛拍照，不妨跟著 Jack 的腳步，走一趟「一條路線拍遍不同風格」的私房攝影行程。Here we go!

從東倫敦的地鐵大站 Old Street 出發（因為是交通樞紐，光是地鐵站就有六個出口），先在轉角咖啡廳 Shoreditch Grind 買杯咖啡醒醒腦，這裡也是 Jack 平常和客戶的會面點。正式出發後，沿著 City Road 往北走，往右進入 East Road，貼心的 Jack 補充，路上會遇到一家超市，不妨在拍攝前買些零食飲料以備不時之需。繼續前行來到 Shoreditch Adventure Park，這是此條路線中的第一個拍攝點，也是拍攝綠地的唯一機會。從那裡開始，之後會遇到幾條很棒的街景，充滿各色美麗磚牆，離開 Bridport Place 進入 Canal Walk，那裡有許多擁有破舊柵欄、斑駁油漆的車庫可當背景，是自然、不修邊幅又充滿倫敦風味的場景。繼續沿著這條路走下去，兩旁會出現國宅建築，可捕捉多種元素與畫面，最後則會出現很棒的小型住宅區。

Jack 說，倫敦最有趣的地方在於，在美麗的高級大宅旁，總是伴隨著廢棄、貧窮的建築和公寓，而這條路線完整展現了倫敦的多樣性。他特別喜歡在這拍攝年輕有創意的音樂人，運用豐富多元的場景嘗試不同元素及拍攝風格，最後激盪出意外有趣的火花。

Balmes Road 東倫敦國宅獨特風光

DONNA WILSON

當紅
家飾設計師的
倫敦
異想世界

出生於蘇格
蘭的編織設計師
Donna Wilson,畢業
於倫敦皇家藝術學院多媒
材織品研究所,2003 年在倫
敦創立同名品牌,最大特色是其
可愛怪奇的手繪編織風格,品牌包含
產品、插畫、 時尚、家居等多樣範疇,
至今已銷售至全球 30 個國家,是倫敦當紅的
家飾品牌與設計師。

©Gareth Hacker

Donna Wilson 位在東倫敦的工作室一隅

過 去來倫敦旅遊必買的伴手禮中，經典英國鄉村風品牌 Cath Kidston，還有清新花卉圖騰的家飾品牌 Orla Kiely，是大家不會錯過的購買清單首選。不過若是聊到近年來倫敦的當紅設計寵兒，無論你有沒有聽過 Donna Wilson 的名字，她詼諧、色彩繽紛、溫暖人心的設計，從家飾小物、服裝、到大型家具，還有辨識度極高的手繪插畫風格，都讓她成為繼 Cath Kidston 和 Orla Kiely 之後，最受歡迎的設計師。

行銷全球的療癒系童趣家飾

其實早在 5 年前，英國衛報就對她讚譽有佳，不只她的同名品牌在倫敦、英國許多大百貨和獨立商店都可找到（Donna Wilson 的動物抱枕系列，一直是倫敦知名精品百貨 John Lewis 的暢銷榜首），目前商品已經行銷全球 30 個國家（包括台灣），療癒力十足的影響力，可説是無所不在！

只要看過 Donna 的童趣插畫角色很難不印象深刻，她在設計中加入大量的可愛幽默元素，也正好反映了倫敦在我們心目中令人嚮往的一面——追求生活品質總是不遺餘力的美好態度。在訪問 Donna 之前我還發現一個意想不到的

巧合，原來早在兩年前我與友人的冰島旅行中，就曾在一間風格小店相中她的 Shelly Turtle，那是隻有著長脖子和搞笑表情的烏龜，以蘇格蘭高品質羊毛紗線手工織成的大抱枕，在接近零度的 11 月冬日讓人看了會心一笑，身子也跟著溫暖起來。到了造訪 Donna 工作室的那天，我迫不及待和她分享了這段小插曲，她驚喜笑説：「真是個美麗的巧遇！」本人如預期一樣爽朗甜美。其實 Donna 剛生完第二胎還在放產假，當天是她第一次帶著才一個多月大的小兒子到東倫敦的工作室探訪，我也才有機會親自見到這位倫敦當紅的設計師。

Donna 出生在蘇格蘭鄉下，她的創意天分，其實是從小被業餘藝術家的奶奶一手帶出來的。「她非常激勵人心，不但在我還很小的時候就教導我畫畫和編織，也讓我了解原來可以靠著販賣作品賺錢。」進入大學後，Donna 正式走上織品之路，接著她來到倫敦進入皇家藝術學院攻讀多媒材織品研究所，也是從那時起，她開始創作商品然後嘗試在倫敦的商店販賣，第一家引進 Donna Wilson 商品的，是波特貝羅市集（Portobello Market）附近的知名複合式獨立品牌店 Couverture & The Garbstore，後來她也在那裡發表了首次女裝系列。

龐大訂單全靠 7 位創意十足的女人團隊

從品牌涵蓋諸多種類的商品線看來，其實有點難定義 Donna 到底算是哪個領域的設計師，從產品、時尚、紡織、家具、平面設計到插畫，她樣樣都有涉略。首先她帶我參觀工作室最深處的一間小房間，裡面擺了兩台大型針織和各色紗線，所有她筆下創造出來的奇怪小生物，都誕生於這個僅有三坪大的空間。其次，則是彷彿 IKEA 工廠的大型陳列架，架上擺滿了各式商品，圍巾、碗盤、抱枕、毛毯……琳琅滿目的程度讓人不難想像品牌已累積的商業規模。旁邊高掛著剛在蘇格蘭編織完成的羊毛圍巾，運回東倫敦的工作室後，需要再經過清洗與烘乾的過程（讓毛料更柔軟），接著我很好奇，品牌成立至今已經超過 10 年，來自全球的訂單數量想必非常龐大，而目前包括 Donna 本人總共也只有 7 位女性員工，到底她怎麼辦到的？她給了我很可愛的答案，「我們是一群創意十足的女人。」如同倫敦大部分的創業家，都是從一人包辦所有工作做起，Donna 說，她到現在還是記憶猶新剛創業時的瘋狂，從設計、製作、包裝、聯絡媒體、到去郵局寄信，統統自己來，彷彿這已經不只是一份工作，更成為她多年來的生活形態。

Donna 筆下的角色名字聽上去總有些古怪，幽默的長相更惹人發笑。

用畫筆創作有靈魂故事的不設限角色

如今，即使有了各司其職的團隊成員幫忙分擔品牌壯大的事業，她仍舊堅持自己完成每一個設計，以維繫 Donna Wilson 不可取代的品牌特色，其中最受歡迎的，當然就屬那些擁有各自靈魂的怪奇角色了！「我特別喜歡小孩畫畫的方式，比頭還大的腳趾頭、長度不對稱的手臂，沒有任何規則！」身為兩個孩子的媽，Donna 的插畫創作如

1

同她的個性，總是充滿童心未泯、想像力十足的創造力，她從身邊的人事物、風景，或是任何微小細節中找尋靈感，畫在素描本上的草圖就像是一部部迷你卡通。有了原始點子後她開始編織，大部分時候做完的成品跟預期的圖案一模一樣，不過有時候又刻意將某些部分變形扭曲，效果反而出乎意外地好。

兒時學習編織的記憶，讓 Donna 用對傳統手工藝的熱情，將創意實際應用到不同面向與產品上；也因為她從小生長在蘇格蘭，英國的鄉村風光與大自然中豐富的動植物，又奠定了她創作歷程中不可或缺的角色與元素。即使同時得照顧兩個小孩和經營品牌，從她臉上和言談中似乎看不出歲月的痕跡，依然是對周遭事物與生命滿滿的活力與熱愛（也像是大部分英國創意人給我的感覺）。

3

2

4

5

1.Mini Giant 玩偶 / 2.Sausage Dog 圍巾 / 3.Larry Ladybird 抱枕 / 4.Fish Blue 熱水袋 / 5.Ziggy Cat 玩偶　All ©Donna Wilson

Donna Wilson
倫敦老實説

Q：對你來説，故鄉蘇格蘭和倫敦最不一樣的地方是什麼？

A：我已經來倫敦定居了 15 年，不過骨子裡還是非常蘇格蘭，我喜歡鄉村的陽光和景色，所以總是鼓勵兒子去花園裡玩，更接近大自然，像我小時候一樣，玩泥巴派。而像倫敦這樣的大城市，則是充滿豐富的色彩和人文風光，有太多有趣的東西，各式各樣的人、地方、活動可以體驗，我很開心我的下一代可以體驗這兩地的優點。

Q：蘇格蘭人眼中的倫敦？

A：蘇格蘭人比較保守傳統，所以我來到倫敦時非常開心，感覺什麼事都有可能發生。如果蘇格蘭人來到東倫敦的 Redchurch Street，應該會覺很難理解為什麼一塊巧克力可以賣到 7 鎊，但在倫敦，你可以嘗試任何事情。

Q：最喜歡倫敦的理由？

A：對於創意想法總是抱持著開放態度，大家總是在做自己喜歡的事。

Q：最喜歡的季節？

A：絕對是秋天！每當夏轉秋之際我總是感到特別放鬆。我喜歡秋天裡清澈的藍天、樹木與落葉（倫敦的公園巷弄每到秋天都充滿美麗的落葉）、大街上閃爍如星星的燈光，還有最重要的是，我又能穿上我的羊毛針織衫！（笑）每到秋天也是我們最忙碌的時候，為了迎接聖誕節的到來，工作室每天都生氣蓬勃。

©Donna Wilson

Donna Wilson 的達人路線

闔家同歡的倫敦人文之旅

適合季節：全年

花費時間：整天

交通路線：**V&A Childhood** 孩童博物館看玩具發展史
→ **SCP** 逛東倫敦老牌設計家飾店
→ **Labour and Wait** 小文青家飾店尋寶
→ **Albion Café** 享用文藝英式下午茶

現在大部分時間都被家庭和工作占據的 Donna，最喜歡的行程是假日在家與先生孩子共享悠閒時光。她建議若是和家中小孩一起來倫敦玩，V&A Childhood 是 V&A 旗下專門針對孩童設計的博物館，很適合闔家光臨（尤其是下雨天）。若天氣晴朗，東倫敦有許多很棒的公園綠地（如 London Fields、Victoria Park），原始廣大的自然生態，讓小孩有更多機會接近大自然。

V&A Museum of Childhood @Tzu Yu Liu

SCP © Calvin C.K Chan

此外，在東倫敦她最喜歡的一間店非 SCP 莫屬，販賣各式風格家具家飾，無論各種品味的人都能在此找到適合自己的商品。亦或是散步到 Redchurch Street 逛逛 Labour and Wait，店內販售許多經典簡約的園藝與設計商品，很適合全家人一起挑選。別以為帶小孩不方便逛街，年輕爸媽推著嬰兒車，或是爸爸直接將小孩背在胸前，這些都是在倫敦經常可看到的日常風景！逛街逛累了，還可在 Redchurch Street 上充滿典型英式風味的 Albion Café，來個份量大又香濃的英式鬆餅（Scone），配上一壺英式伯爵茶或咖啡，享用道地英國下午茶的悠閒樂趣。

	2
1	3

1.2 Labour and Wait
3 Albion Café

Donna Wilson 倫敦私房景點

1. Barbican Centre 粗野派當代藝術殿堂 見 P.104

Donna 非常喜歡的粗野派建築，也是倫敦知名的表演藝術中心，就算沒時間去 Barbican Centre 參觀展覽或看表演，只是在附近逛逛、欣賞建築外觀也很不錯。

▼ Silk Street, London EC2Y 8DS ▼ Barbican 地鐵站

2. Victoria Park 東倫敦闔家同歡的親子森林公園

Donna 最常和家人去的東倫敦公園，也是倫敦歷史悠久的大眾公園，最早可追溯到 1845 年，爾後成為東倫敦勞工階級休閒娛樂的重要據所，公園中的 Bathing Pond 過去是東倫敦孩童的原始自然泳池，如今是垂釣者的熱門去處。

▼ Grove Road, Bow, London E3 5TB ▼ Whitechapel 地鐵站轉乘公車

3. Redchurch Street 充斥時髦小店的紅教堂街 見 P.162

位在 Shoreditch，充滿各式特色小店的一條街，總有很多新奇的事正在發生。

▼ Redchurch St, London E2 7DJ ▼ Shoreditch 地鐵站

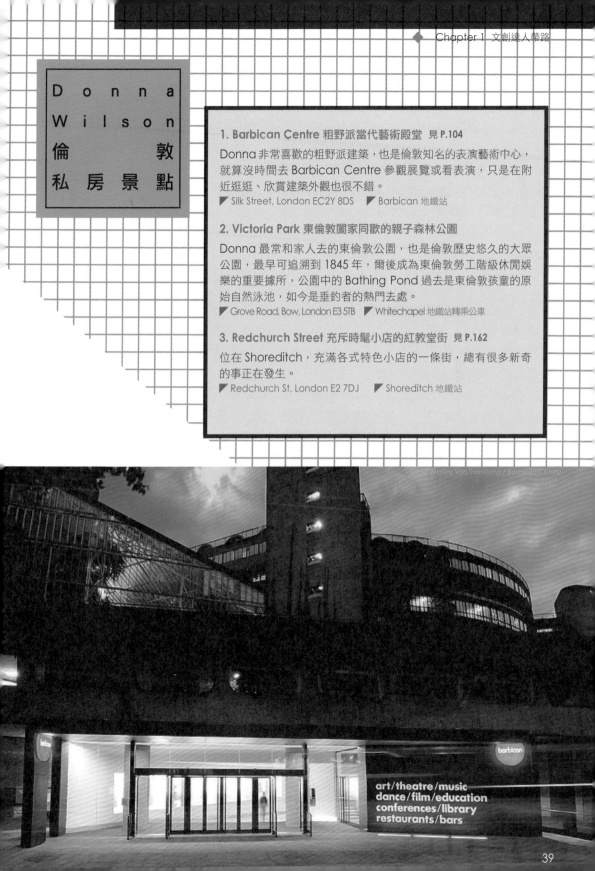

© Morley Von Sternberg / Barbican Centre

art/theatre/music
dance/film/education
conferences/library
restaurants/bars

JON ROSS

酒吧 x 藝術
東倫敦
藝文派對首腦

©Tom Griffiths

英國知名學府牛津大學高材生，Jon Ross 從商學院畢業後曾擔任過管理顧問，為了追求夢想，他放棄高薪工作一頭栽入酒吧與餐廳的世界。與合夥人 Andy Maddocks 創立了 Mothership 集團，是倫敦首個將藝術文化整合場地，並以活動和公關策略成功打入年輕族群市場的龍頭企業；東倫敦知名酒吧與創意 The Book Club 便是其中最成功的例子。

與 **Jon** 約在熟悉的 **The Book Club**，兩年多前第一次造訪時就被這可愛的名字吸引，「書吧」，如同它文青味的名字般，這裡是東倫敦最繁忙的 **Shoreditch** 區域中，最受當地年輕人喜愛的聚會場地之一。下午兩點進門，大部份座位零散著客人，有獨自捧著書的、談生意的、對著電腦埋頭苦幹的、逛街逛累的，各占據一角但彼此不打擾地分享空間；**The Book Club** 白天是採光極佳、陽光灑下大落地窗前閃閃發光的咖啡廳，店裡寬敞的沒有過多裝飾，工業風的裸露燈管、粗糙的紅磚牆面與油漆、簡單木質調的桌椅和地板，目的是扮演一塊時常能被更換的畫布，由不同藝術家的作品在空間中各自揮灑成一片風景；到了平日和週末夜，地下室則加入搖身一變成音樂、派對、講座、工坊，和各式各樣交流會等熱鬧藝文聚所。

平日沒有過多裝飾的 The Book Club（上）© The Book Club
與不同藝術家合作創造截然不同的空間氛圍（下）

©Dom Fisher / The Book Club

©The Book Club

©Graham Turner / Queen of Hoxton

©Graham Turner / Queen of Hoxton

從舊倉庫發跡的文創王國

近年來在台灣，越來越多人喜歡白天到咖啡廳小酌一杯，來到歐洲後，更能深刻體會到飲酒和填飽肚子在生活中幾乎代表著一樣不可或缺的重要性。英國擁有悠久的酒吧歷史文化，但像 The Book Club 這種，已經和觀光客印象中的傳統英式酒吧截然不同的年輕世代產物，則是政府將酒吧營業執照放寬後才有更大的空間發展。Jon 說在 2005 年前，幾乎所有餐廳酒吧都得在 11 點前歇業（在一旁的我聽的目瞪口呆，不過才 10 年前，多令人驚訝的改變！），而他和夥伴在東倫敦的酒吧事業開端，正好搭上了這波派對文化蓬勃發展的浪潮。

2004 年，他們在當時還一片荒蕪的窗簾路(Curtain Road) 買下一棟破舊沒有水電的倉庫，也啟動了 Mothership 集團創立後，首次將場地結合大型藝術計畫與派對活動的全新策略：邀請 20 位極具年輕與創意能量的街頭藝術家進駐，大肆改造了一番原本的舊場地，那些原本在東倫敦活躍的新興藝術家們，各自呼朋引伴，招來的那群前衛、獨特的年輕人們，為今天東倫敦的另一個潮流地 Queen of Hoxton 打開了知名度，爾後的姊妹店 The Book Club，更在社群媒體的發酵刺激之下，將倫敦的年輕勢力一網打盡。

英國酒吧發展小知識

英國酒吧主要分成三種：Pub、Bar、Club。Pub 為我們熟知的英式傳統酒吧，建築外觀與內裝均可感受到濃厚歷史氛圍，Pub 和英國人的飲食文化息息相關，不只喝啤酒，更是當地人的社區型聚集地，週日時可看到全家大小齊聚酒吧共享傳統的 Sunday Roast。

1990 年後英國開始出現 Bar，裝飾比傳統 Pub 更具現代感，因此受到更多年輕人喜愛，而 Cocktail Bar 則是來自美國，1995 年開始在英國出現。爾後政策逐漸調整鬆綁，酒吧營業時間得已從原本的 11 點延長至凌晨，英國的 Club 夜生活與派對文化因此蓬勃發展。而 The Book Club 則是偏向 Bar，介於 Pub 和 Club 中間較特殊的定位（週末夜營業到凌晨 2 點）。

商學院高材生變身Party Boy創業家

不只 Queen of Hoxton 和之後的 The Book Club 從此被換上新生命，其實 Jon Ross 的人生也和他手下經營的生意一樣 180 度轉了彎。從他過去學商又當老闆的經歷判斷，原本還擔心他會不會跟我大聊難懂的「商業經」，沒想到他本人雅痞風趣，根本從學生時代起就是個 Party Boy！「以前學生時代辦了很多派對，自己也玩音樂當 DJ，除了很享受外也靠這個賺了點錢。」沒想到這一玩就認真了，Jon 說就業後頭幾年的管理顧問生活太乏味，讓他毅然決然辭去令人稱羨的優渥工作投身餐飲界，從零開始學習。

「我在廚房工作，當過洗碗工、助理廚師、副主廚、主廚，也當過外場接待人員、洗酒杯工、服務生、吧檯人員、餐廳助理經理、部門經理、經理，基本上做過一切工作。他用濃厚英國腔極快速地朗誦一遍在餐飲業四年的工作資歷，說自己想從頭到尾經歷過所有的工作崗位，才能開始經營自己的事業。在我聽來，不用過多解釋便能明白為什麼他能成為一位成功的創業家，並在倫敦競爭激烈的環境中拔得頭籌，塞滿創意的商業頭腦是其一，努力是其二，尤其在倫敦滿街頭充斥著創業家的時代，他很實際，更大膽玩。

英式街頭派對嗨翻全倫敦

威廉王子與凱特王妃結婚那年，Jon 與團隊以「皇室婚禮」為名，辦了公司有史以來最成功的一場大型街頭派對，參與人數僅次於皇室舉辦的官方活動，是倫敦規模第二大的派對。他形容那是一場很「英國」的熱鬧慶典，「我們買了兩千頂英國國旗塑膠高帽、兩千面國旗，有很多很酷的型人、藝術家參與（甚至還嘗試邀請電視名嘴），大家跳舞、盛裝打扮、現場有樂團表演，最

後這場活動被幾家權威電視新聞台報導，BBC、NBC、CNN，真的很驚人！」他彷彿原汁重現當時的盛況，賣力講解給我聽那些活動細節有多幽默好玩！另一場在 Queen of Hoxton 頂樓酒吧舉辦的「偽奧運」競賽，則是參賽隊伍要穿上 80 年代的復古條紋套裝大玩白痴遊戲，如：凌波舞、用吸管吹足球看誰吹得遠……等一些意想不到的愚蠢點子，不只是「童心未泯」，更是為了讓參加活動的人能開懷大笑、打開心房，藉此認識新朋友。聊到這裡我完全肯定 Jon 是個很「懂玩」的大男孩（其實人家已經為人父了），倫敦之於他，就像一座大型創意樂園。

All ©Mothership

Jon Ross
倫敦老實説

Q：你眼中的東倫敦是什麼樣子？

A：東倫敦過去非常貧窮，與西倫敦的富有形成強烈對比。一直到 90 年代晚期，人們開始遷移至東倫敦，交通建設才開始發展，當時的租金非常便宜，吸引年輕藝術家在此定居創作。2000 年的 Shoreditch 幾乎還是一片死寂，多半是空的工廠建築、倉庫等，所以當我們 2004 年搬來這時，還是非常未開化的狀態。現在回頭看過去 10 年的東倫敦，發展實在太驚人了！(笑) 倫敦人喜愛的活動領域也從過去的蘇活區(現在已變成商業化的觀光客中心)，轉移到 Shoreditch、再來是 Hackney。現在東倫敦地價大漲，位在東倫敦中心的 Shoreditch，也成為過去西邊的有錢人嚮往獨特文化風景的熱門遷徙地，他們負擔得起一間美麗但租金不菲的公寓，有點類似紐約的情況。

Q：東倫敦 (尤其是 Shoreditch) 近年來有大量觀光客和資金湧入，還酷嗎？

A：Shoreditch 現在已經被很多 Cool Kids、年輕藝術家拋下，因為負擔不起昂貴的房租，但他們還是會常常到這裡來，因為藝術家需要賺錢，而 Shoreditch 有大筆資金，更是最多有趣活動的集中地。那些 10 年前在這發跡的藝術家至今還是非常酷，也持續在此活躍，我在東倫敦認識很多酒吧和藝廊經營者，他們不是你可以在西倫敦看到的族群，所以我認為 Shoreditch 依然很棒。

Q：倫敦目前的年輕新鋭藝術家都在哪聚集？

A：從 Shoreditch 往北的 Dalston (現在連 Dalston 都變貴了)、Walthamstow，往南到 Peckham、Brixton，你在 20 年前是不會看到 Walthamstow 有很多年輕藝術家的 (笑)。不過很多社交活動還是在 Shoreditch 和 Dalston 進行。

Q：私下最喜歡的倫敦活動？

A：因為工作關係，我時常得外出搜尋新的內容、找靈感，我也幫不同音樂祭主辦公司協辦活動，這一切對我來説都很有趣好玩；夏天時我喜歡帶小孩去倫敦以外的地方參加音樂祭，像是我們會去 Latitude、Green Man 等大型音樂祭露營。

Jon Ross 的達人路線 1
東倫敦在地藝文之旅

適合季節：春夏

花費時間：整天

交通路線：**The Book Club** 吃文青英式早餐
→ **Pure Evil Gallery** 創意藝廊巡禮
→ **Columbia Road Flower Market** 逛在地人花市
→ **Redchurch Street** 朝聖東倫敦最潮購物街
→ **Brick Lane** 紅磚巷尋寶樂
→ **Spitalfields** 探訪開膛手傑克案發現場

（走膩紅磚巷的人建議逛完花市之後直接前往 London Fields 公園散步與 Broadway Market 逛逛）

和 Jon 聊東倫敦總是很切中要點，基本上他提到的地方，挑出其中一兩個，就是倫敦人和我自己平常假日最喜歡消磨一下午的所在。對於時間寶貴的外地人來說，想地毯式一網打盡博大精深的東倫敦，還是太難在一天之內看盡，所以對於喜愛悠閒步調的當地人來說，最棒的行程就是去市集（Columbia Road 或 Broadway Market）坐在路邊吃喝一下午，或躺在 London Fields 的草地享受日光浴順便睡個午覺。

除了徒步探索東倫敦的美，附近琳琅滿目的餐廳也值得旅人駐足。預算多一點的話，Jon 推薦 Merchants Tavern（也是 Flora 的口袋名單之一，喜愛好酒與歐洲美食的人別錯過）；如果喜歡漢堡和大口吃肉，Meat Mission 是不錯的選擇。而提到 Jon 的派對專長，他則推薦大家去 Dalston 體驗東倫敦夜生活，感受被藝廊與酒吧包圍，像是 Nest、Birthdays 或 Dalston Roof Park 都很有趣。

1. 位在The Book Club 旁的Pure Evil Gallery
2. 乘著巴士探訪知名殺手開膛手傑克案發現場 3. 紅磚巷上隨處可見的街頭塗鴉

1	
2	3

Jon Ross 的達人路線 2
北倫敦私房秘境之旅

適合季節：春夏

花費時間：整天

交通路線：**Warwick Avenue** 小威尼斯巡禮 **Great Portland Street** 牛津圓環出發
→ **Regent's Canal** 攝政運河遊船　　→ **Regent's Park** 攝政公園曬太陽
→ **Camden Lock** 逛次文化龐克市集　　→ **London Zoo** 逛倫敦動物園
　　　　　　　　　　　　　　　　　　　→ **Camden Lock** 逛次文化龐克市集

如果想去東倫敦以外的地方，Jon 推薦北倫敦的運河路線，除了可飽覽河道風光，終點站的 Camden 至今還是他非常喜歡的獨特聚落（過去以龐克和次文化著稱，也是觀光客必去的朝聖地之一），如果不幸只有極短時間能待在倫敦，除了東倫敦之外，他最推薦的就是 Camden！也許如今這裡已充斥太多觀光客，不再是倫敦人的出遊首選，但無論是藝術、市集、音樂表演、異國美食等，還是值得旅人走一遭，感受倫敦多元的文化態度。

如果喜歡大自然，Hampstead 聚落是北倫敦擁有美麗大自然風光的區域，如 Hampstead Heath 公園旁有很多很棒的戶外音樂表演場地，和 Camden 的頹廢風格有很不一樣的氛圍。

Regent's Canal

Camden Town/ Camden Lock Market

Regent's Park

TIFFANY HSU

征服
時裝週街頭的
倫敦精品
採購天后

來自台灣的 Tiffany Hsu，是倫敦知名百貨 Selfridges 的精品女裝採購，旗下負責採買高達 80 多個設計師品牌，過去也曾任職於香港老牌百貨連卡佛。獨特的東方臉孔加上出眾的個人品味，深受國際時尚人士喜愛；時裝週季節，總是能從各大媒體報導看到她的美麗倩影。

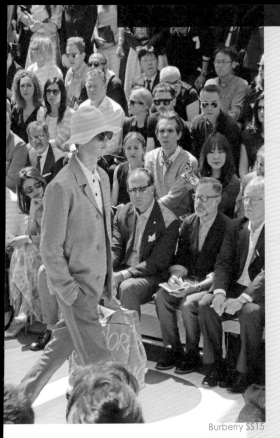

在倫敦精品時尚圈工作的人想必對她的名字不陌生，每年在四大時裝週奔波的攝影師也一定曾拍過她的身影，時尚秀場外，除了明星、名模、名媛，很少有這樣一個令人難忘的亞洲面孔，帶著絲毫不畏懼鏡頭的霸氣，眉宇間充滿女人味卻率性兼具，更讓人目不轉睛的是，她的招牌紅唇還有每次現身的超高品味穿搭，可以極致帥氣，也能優雅美麗。

初次在 Instagram 瀏覽 Tiffany Hsu 的照片，實在難以判斷她的背景和職業，是模特兒、部落客還是精品公關？幸好在倫敦生活的有趣之處，就是總能在朋友和共同朋友之間尋找些蛛絲馬跡，她在自我介紹欄打上的 "I sell fridges" 已透漏了玄機，在多方打聽聯絡之下，終於成功約到 Tiffany 本尊。原來她為觀光客必逛的倫敦知名百貨 Selfridges 工作，是女裝精品採購的第一把交椅，更是正港台灣妹仔。

Burberry SS15

Burberry SS15

©Tiffany Hsu

時尚採購（Fashion Buying）一直是時下年輕人搶破頭想踏進的熱門行業，尤其這幾年，只要聽到留英學子，來倫敦念時尚的就占大多數。即便如此，無論是念服裝設計或時尚行銷等，學成後真正能實踐理想，進入品牌當買手的卻不多。Tiffany 緩緩道來個人背景，從小在台灣長大，15 歲離家到英國郊區的寄宿學校念書，17 歲進入倫敦知名設計學府中央聖馬汀學院主修服裝設計，聽來與一般小留學生的求學經歷沒有太大不同。不過接下來要闡述的，關於她跨入時尚圈以後所累積的傲人資歷，則讓她的人生從此與眾不同。

以出眾品味攻佔
各大時裝週街頭的時尚買家

她笑說她的採購生涯開始於一段意外。那年她在獨立服裝品牌擔任店員，老闆相中她的獨特品味，請她去挑貨買貨。於是從小規模做起，幾年後，香港著名的老牌百貨連卡佛挖角她去工作，當時她手擁 4、50 個牌子身負重任。看似是夢幻的工作機會，但旅居香港 3 年的擁擠生活步調，卻讓她非常想念倫敦舒適的人文環境，

總算機會來了，她回到倫敦，還進了數一數二的精品百貨 Selfridges，彷彿又再往上爬了一大階，負責採買的精品女裝品牌更多達 80 多個，同時開始活躍於各大時裝週街頭，攝影師爭相搶拍她的看秀造型，彷彿另類的百貨形象代言人。問她是不是天生就不怕鏡頭，如照片上看起來一樣霸氣十足？Tiffany 瞬間像個小女生般不好意思地說：「如果太多人湧上來拍的時候還是會害羞，而且我的男同事會在旁邊一直取笑我。」的確，過去時尚圈似乎還沒出現過這樣的有趣情況，一個非明星、模特兒的台灣女孩，吸引大批國際時尚人士關注她的舉手投足品味。

Tiffany 的故事聽到這，不禁讓人覺得個人風格和人脈，往往是能在這個行業通往成功的敲門磚，而她獨特強烈的東方特質，渾然天成融合西方時尚元素，想當然爾是在倫敦的多年熏陶下養成。她說倫敦時尚圈最特立獨行之處便在於，即使是剛出道兩年的新銳設計師也能站上時裝週舞台，這在巴黎完全不可能發生，而她更熱愛在年輕人中發現潛力新秀，每季固定替 Selfridges 引進新的設計師品牌，為時尚圈注入活躍生命力，也為公司創造傲人商機。

擅長運用搶眼配件搭出個人風格，Tiffany 在個人Instagram 平台上擁有超高人氣。© Tiffany Hsu

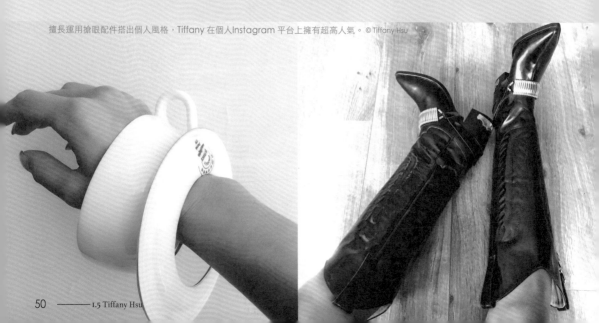

© Tiffany Hsu

令人稱羨的採購工作背後,並非完全靠時尚品味和直覺,像 Selfridges 這樣的大企業,每季都是百萬英鎊的投資,背後全是精密的分析、計算和客戶研究。Tiffany 說她已經三週沒有休息,前陣子都在米蘭、巴黎時裝週穿梭,除了看秀還得趕去各大服裝展示會(showroom)採買,一天要跑的行程有時多達 10 個,連助理都頭痛不知該如何安排行程,她卻像個女超人般披上時尚戰袍,接下一個又一個辛苦又甘之如飴的挑戰。

穿梭時尚花花世界的東倫敦次文化狂熱份子

除了生活中奢華亮麗的那一面,她形容自己是個東倫敦次文化狂熱份子,在這玩的全是一般人不知道的地下派對。從她身上我更確定,在倫敦,音樂和時尚幾乎是相輔相成的兩大產業,

Tiffany 就是個不能沒有音樂的女子,平常喜愛的音樂類型也是令人跌破眼鏡的硬派,像是實驗性十足的噪音樂團、重金屬和暗黑風電子樂,與她本人纖細乂女性化的外表形成強烈有趣的衝突感。她更偷偷透露,在倫敦時尚圈的良好人際關係,很多都是在出去玩和看演唱會時結下的緣分。她過去經常光顧的東倫敦夜店 Boombox(現已歇業),彷彿當時倫敦時尚圈的秘密社交場所,除了規定每個人都要盛裝打扮出席,身邊擦身而過的全是當紅設計師,前衛英國設計師 Gareth Pugh 就是其一。愛與朋友聚會又愛搞怪的她,還曾經在家附近的墓園辦過生日派對!

聽了 Tiffany 精采的私生活,讓我彷彿一覽東倫敦過去與現在有趣的反差光景,除此之外,她還要與大家分享自己的時尚小秘密。

Tiffany Hsu
倫敦老實說

Q：還沒進時尚圈工作之前，在倫敦最喜歡做的事？

A：在東倫敦混！（她笑說自己以前玩很兇）當時很多秘密場地都有點遊走法律邊緣（因為沒有執照過了 12 點後不能賣酒），所以進場時還得認臉放人，不過我那時去的很多地方都消失了，所以現在只有 DJ 朋友表演時才會去派對。

Q： 派對女王眼中的東倫敦轉變？

A：現在東倫敦已經不像過去好玩了，改變很大！最好玩的時期大概是 2000 到 2006 年左右，當時東倫敦仍一片荒蕪，附近區域會比較危險，加上地鐵還沒開通，所以派對裡充斥著本地藝術家、設計師，每間夜店都有 Live 演出，我很愛音樂，所以常去看樂團表演。

Q：最喜歡東倫敦的理由？

A：東倫敦的族群多元，接受度很高，你想要做什麼事情都可以，不會有人用異樣眼光看你，因為每個人都很奇怪。我之前嘗試過各種造型！我很喜歡 Dalston，走出來覺得自己好像在伊斯坦堡（笑）。（註：Dalston 是土耳其區；Shoreditch 是越南區，往後是猶太區；Brick Lane 早期也是猶太區，現在是印度區。）

Q：來倫敦旅遊一定要做的事？

A：去泰德現代美術館（Tate Modern）看展、聽一場演唱會、去東倫敦、逛公園。

Tiffany Hsu 時尚快問快答

Q：第一次看到很激動的秀是哪一場？

A：John Galliano，那時候他的秀很難進去，所以收到邀請函時非常開心，還是手寫的，我現在都還留著。因為太開心了，還把現場的蠟燭偷偷帶走留作紀念（笑）。

Q：現在還有沒有非常想在秀場見到本人的大牌設計師？

A：沒有（笑）！工作久了的職業病，每次看秀滿腦子只想著「這個好賣、那個不好賣」，從模特兒一出場就開始分析。

Q：有天會不會突然對時尚冷感？

A：不會！即使在這個產業工作多年，看到自己喜歡的漂亮衣服還是會很興奮，但相對來說，看到不好看的就會很沮喪，因為即使再醜，還是得為了客人而買。

Q：自己很喜歡的品牌？

A：我以前非常喜歡去 Dolce & Gabbana 的 Showroom，驚訝吧！（笑）以前很喜歡他們的設計，現在最喜歡的應該是 Raf Simons。

Q：設計師的超級好朋友？

A：我在倫敦的設計師朋友比較多，像是 Peter Pilotto，從剛開始採購到現在，已經從工作關係變成很好的朋友。

Tiffany Hsu 的達人路線
東倫敦夜派對之旅

適合季節：全年
花費時間：傍晚至深夜
交通路線：**London Fields** 潮流文青聚集地

Dalston 時髦酒吧夜店大集合

在東倫敦居住多年也玩得道地的 Tiffany，大概是推薦夜生活好去處的不二人選。她滔滔不絕地分享以前最愛去的幾家夜店和酒吧，其中有好幾家都是會讓人發出「哇」一聲讚歎那種等級的酷。在 Shoreditch 漸漸從小眾走向主流，被觀光客和白領階級占滿後，過去與她在 Shoreditch 一起玩的朋友紛紛往北邊的 Dalston 和 Hackney 遷移，許多英國設計師的家和工作室也幾乎都在這個區域，幾位知名設計師 Christopher Kane、Erdem、Peter Pilotto、Jonathan Anderson 全是她的鄰居，連買個菜或去家附近的酒吧都會遇到。

© Tiffany Hsu

© Tiffany Hsu

「我很喜歡住在東倫敦，因為在這裡不管哪區，都很像一個個小村莊，住著同一群氣味相投、志同道合的人。」Tiffany 笑說，以前在 Shoreditch，每一間夜店或酒吧的接待人員她都認識，現在搬到 Dalston，平常工作之餘，最常去音樂人朋友舉辦的派對聚會或酒吧，那個區域裡幾乎都是沒有招牌的隱藏版派對場地。鄰近 Dalston 不遠的 London Fields，有 Tiffany 過去每週都會光顧的酒吧，她說當時去 London Fields 的人都會特地打扮得非常時尚體面，男生會故意推一部腳踏車當配件，也有很多攝影師會去那裡街拍有型路人，至今仍是東倫敦時髦文青的聚集地。

Tiffany 私藏！
Dalston 隱藏版派對

1. The Alibi
Tiffany 的 DJ 朋友經常在樓下舉辦派對。

2. Visions Video
平常是租 DVD 的地方，每到週五晚上就變身夜店。

3. Ivy's Mess Hall 咖啡廳旁的地下室無招牌夜店

4. Shacklewell Arms
非常東倫敦風格，牆壁佈滿不修邊幅的塗鴉，是一間時常有表演的酒吧。

5. Birthdays
Dalston 區域極有名氣的酒吧和夜店，店內販賣很厲害的漢堡。

Shacklewell Arms

The Alibi

Shacklewell Arms

Birthdays / Are Calvin C.K Chan

置身倫敦，眼前總有數不盡的人物風景，讓人情不自禁想拿起相機記下每個瞬間。

EXPLORE
CULTURAL
MAP OF
LONDON

2

MILLENNIUM
BRIDGE

探索
倫敦藝文特區

倫敦幅員之廣，實在難以用短短幾句話來形容，時常身在倫敦大街，或下到地底深處好幾層人來人往的地鐵，原本敏銳的方向感也會有失靈的時候。即便如此，大倫敦的魅力就是能讓你享受迷路的樂趣。所謂大倫敦的概念，在1965年正式形成，包含倫敦市（City of London）與其他32個倫敦自治市，也許我們都已經習慣以「城市」稱呼倫敦，但其實大倫敦更像是「郡」的概念，每一個郡在名義上都有一個英國皇室成員作為精神象徵。分法也很多，最常聽到的是以東、西、南、北倫敦和市中心，以及大眾運輸的一到六區作為劃分。

無論如何，面對倫敦這樣博大精深又多元的城市，這章介紹的四個藝文特區故事及背後的區域演變，將開啟你對倫敦另外一段未曾有過的想像。

千禧橋（Millennium Bridge）

南岸藝術中心（Southbank Centre）

SOUTH BANK

泰晤士河南岸的康莊大道

身為倫敦最重要的一道心臟，泰晤士河貫穿大倫敦東西，其中位在市中心南邊的South Bank 沿岸總是特別引人入勝，是觀光客來到倫敦一定會先造訪的幾個首要景點所在，更是當地人生活中不可或缺的人文景緻。

隔著西敏寺橋（Westminster Bridge），對面是倫敦最著名的觀光區與重要的行政重地西敏寺，大笨鐘、國會大廈和知名的西敏寺教堂連成一線。South Bank 的起點滑鐵盧（Waterloo），是我在倫敦最常活動的範圍之一。滑鐵盧火車站是通往倫敦南方各地的重要交通樞紐，漫步到泰晤士河邊，左手邊是觀光客最愛的倫敦眼（London Eye），右手邊則是當地人心中的大型藝術殿堂南岸藝術中心（Southbank Centre）。今日看South Bank 一帶，最具特色的總是它一方面洋溢著歡樂度假氛圍，卻又充滿濃濃的藝文氣息，泰晤士河南岸的娛樂功能最早可追朔到19 世紀初期（在那之前只是一片荒蕪的沼澤地），當時蓋了第一座戲院——皇家維多利亞戲院（Royal Victoria Theatre），為這裡往後的藝文發展埋下伏筆，20 世紀時發展成當今知名的國家戲院（National Theatre）。

細數一遍泰晤士河沿岸的文化史

沿著泰晤士河細數每一棟建築，足以說明整個區域建設的歷史興衰。工業革命曾為這裡建造了許多廠房倉庫，當時其中一棟有名的工廠Lion Brewery，現在正是全民共享藝術的南岸藝術中心，當中涵蓋幾個地標性建築：皇家節日大廳（Royal Festival Hall）、伊麗莎白大廳（Queen Elizabeth Hall）和海沃美術館（Hayward Gallery），後兩者也是歐洲早期粗野派建築的代表。而倫敦眼旁的愛德華式巴洛克建築London County Hall，曾經是大倫敦議會的集會地，爾後被柴契爾夫人廢除，演變至今變成觀光勝地的娛樂中心，看到大排長龍的隊伍就知道，倫敦水族館（Sea Life London Aquarium）和倫敦地牢（London Dungeon）到了。當時代與科技進步，影像成了人們生活密不可分的一部分，以影展和獨立電影為大宗的英國電影協會（BFI Southbank/British Film Institute）是許多電影愛好者的後花園。

漫步在迷人的倫敦多元風景

往東的路上，漫步在河岸邊皇后道（The Queen's Walk），欣賞舊時代的歷史建築與藝術的同時，一併連新世代的次文化也盡收眼底，伊麗莎白大廳的正下方，是年輕人最喜歡的滑板場地之一，夏天時，泰晤士河畔會築起一道人工沙灘，嬉鬧歡笑的孩童與正對面的街頭潮流少年相互呼應，形成特別迷人有趣的層次畫面，那是倫敦的多元風景。老式的工業廠房如今成了OXO Tower Wharf，提供藝術、特色商店、場地出租、高空酒吧等不同休閒娛樂，走累了，隨時可在沿途上的花園及河邊長椅上小憩。

繼續往前過了黑修道士橋（Blackfriars Bridge），大型發電廠改建的泰德現代美術館（Tate Modern）映入眼簾，它與泰晤士河西邊的泰德不列顛美術館（Tate Britain）是倫敦最有名的

兩大博物館之一，隔壁的莎士比亞環球劇場（Shakespeare's Globe）也是文學和戲劇迷不能錯過的特色戶外劇場。除了藝術匯集，南岸倫敦橋（London Bridge）和Bermondsey區域更是倫敦的美食重地，最老的鮮食集散地波羅市場（Borough Market）成了觀光客愛不釋手的特色市集，每次去一定得點上一杯倫敦赫赫有名的Monmouth Coffee，坐在路邊欣賞往來路人風景。不喜歡人擠人，靠近倫敦塔橋（Tower Bridge）的Maltby Street Market也是不錯的道地新選擇，值得一提的是，近幾年頗受當地人喜愛的一條街Bermondsey Street，上面坐落著倫敦文青藝廊白立方藝廊（White Cube）與時尚織品博物館（Fashion & Textile Museum），還有幾家特色小店和知名異國餐廳。吃飽後，別忘記朝聖河邊由香蕉倉庫改建的設計博物館（Design Museum），趕在它2016年搬家前！

夏天一到，兼具藝文與娛樂功能的South Bank，是無論倫敦人或觀光客、從老到少都很難不喜愛的區域。

1. 國家肖像藝廊National Porttrait Gallery ❸
2. 國家藝廊National Gallery
3. 海沃美術館Hayward Gallery ❸
4. 南岸藝術中心 Southbank Centre ❸
5. 倫敦當代藝術學會ICA ❸
6. 泰德不列顛美術館 Tate Britain
7. 泰德現代美術館 Tate Modern
8. 時尚織品博物館Fashion & Textile Museum
9. 設計博物館Design Museum

10.Carroll/Fletcher 藝廊 ❸
11. 白立方藝廊 White Cube ❸
12.The Vinyl Factory Space 藝術空間
13.Somerset House 薩默塞特宮
14.OXO Tower
15.園藝博物館 Garden Museum
16.約翰·索恩爵士博物館 Sir John Soane's Museum
17.倫敦政經學院
18.威爾頓音樂廳Wilton's Music Hall

19. 國家戲院National Theatre
20. 莎士比亞環球劇場Shakespeare's Globe
21.Picture House Central 電影院 ❸
22.Prince Charles Cinema 電影院 ❸
23. 英國電影協會BFI Southbank ❸
24.BFI IMAX 電影院
25.Claire de Rouen Books 藝術書店 ❸
26.Maison Assouline 書店 ❸

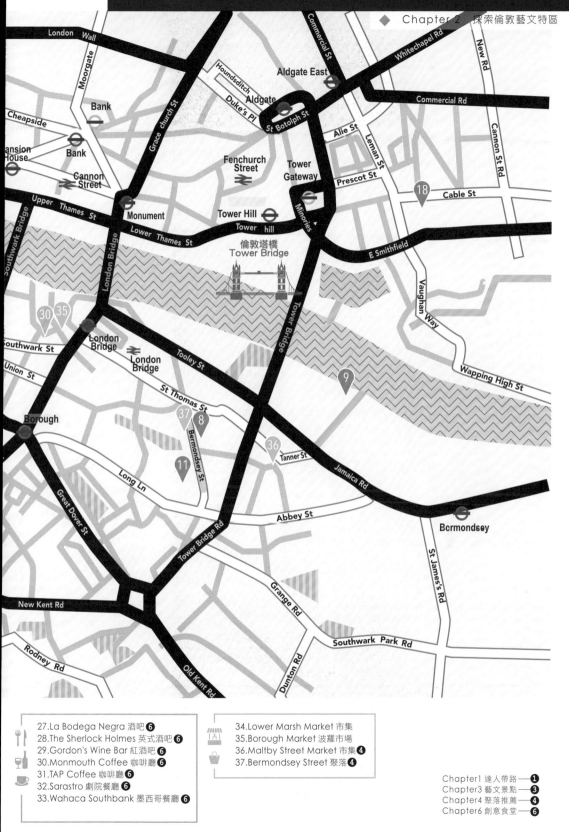

紅磚巷（Brick Lane）

SHOREDITCH

東 倫 敦 次 文 化 孕 育 地

把 時間倒帶回20年前的東倫敦Shoreditch。想像一下，如果20年前我們身在台北信義計畫區，環顧四周是一片雜草的荒蕪，那麼平行時空下的東倫敦，就是空蕩倉庫、殘破廠房、髒亂、頹廢與貧窮，主要居民來自外來印巴移民組成的大型社區。比照今天，這裡已是旅人趨之若鶩、倫敦最大的次文化集中地，充滿前衛藝術、設計、時尚等獨特文化風景。

探索東倫敦次文化核心地帶

要認識一座城市，大部分人會選擇從市中心出發，Shoreditch就像是東倫敦的核心，歷經十餘年大量年輕藝術家的進駐滋養，孕育出驚人的創意能量。以Shoreditch地鐵站前大街Bethnal Green Road為起點出發，隔條馬路是許多文創工作者在倫敦的時尚朝聖地——紅教堂路（Redchurch Street），除了高質感的設計師品牌小店林立，還有各式特色藝廊、咖啡廳、熱門餐廳充斥其中；往東是被大大小小商家填滿的知名紅磚巷（Brick Lane），假日一到，攤販市集占據小巷與舊廠房，是遊客探索稀奇古怪小物的時光；往西是充滿熱鬧特色小店的老街（Old Street），地處東倫敦與北倫敦車水馬龍的交界；往北是年輕人仲夏夜的熱門聚集地Hoxton Square，源源不絕的音樂與派對每週在此上演；往南則是繁榮的金融區利物浦街（Liverpool Street），臨近知名大型商業市集Spitalfields Market，一週七天裡就有五個不同主題市集，也經常舉辦臨時的快閃（Pop-up）活動，是觀光客來倫敦的必經之地。

匯集當代藝術與前衛創意的驚奇能量

走在Shoreditch街頭，像在大型博物館一般，這裡出產的當代藝術如同區域建設一樣繁忙多元。Howard Griffin Gallery專精於集結知名街頭藝術家的作品舉辦大型個展，不大的空間卻像是帶領參觀者進入公眾藝術的時光迴廊（第一個在柏林圍牆上塗鴉的街頭藝術家Thierry Noir就是其一，你可能不記得他的名字但很可能看過他的畫）；再往前走，建築外觀幾何前衛的Rivington Space又是另一番風景，這是英國第一座專門針對視覺藝術表演的公共空間；Pure Evil Gallery則充滿了各式新奇前衛的當代創作，舉凡繪畫、產品、雕塑、影像一應俱全；靠近Hoxton的PEER致力於提供年輕藝術家一個非主流的展出空間；還有參展無數的知名商業畫廊Flowers同樣在不遠處。

將地圖拉遠，再往南前進一點，是東倫敦印巴裔移民的大本營，知名的白教堂藝廊（Whitechapel Gallery）就在Aldgate East地鐵站出來的不遠處，那裡是所有藝術愛好者的天堂，也是倫敦第一個由公共贊助營運的藝廊，創立超過一個世紀以來，將藝術帶進了東倫敦，滋養了原本的荒蕪貧窮。往更東邊去的Mile End，別因為空曠的四周而懷疑來錯地方，非營利當代藝廊Chisenhale Gallery就在運河旁與維多利亞公園（Victoria Park）相望，每次去總是會遇上意想不到的創意驚喜。

Shoreditch 有全倫敦最讓人著迷的街頭風景。在這裡，別以為次文化只是年輕人的專利，
這對總是穿著鮮豔情侶裝的爺爺奶奶，就是街頭最搶眼的風景。

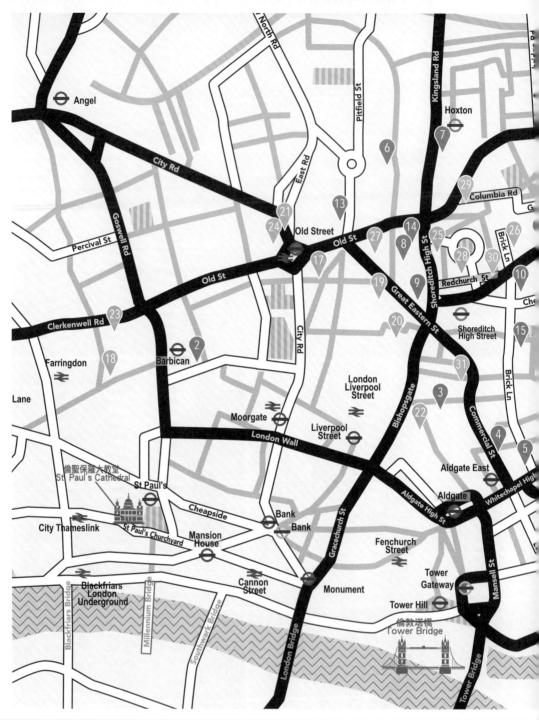

	1.V&A 孩童博物館V&A Museum of Childhood ③
	2. 巴比肯藝術中心Barbican Centre ③
	3.Raven Row 藝廊 ③
	4.Arts Admin 藝術工作室 ③
	5. 白教堂藝廊Whitechapel Gallery ③
	6.Peer 藝廊
	7.Flowers 藝廊
	8.Rivington Space 藝術空間

9.Howard Griffin Gallery 藝廊
10. 紅磚巷藝廊The Brick Lane Gallery
11.Matt's Gallery 藝廊 ③
12.Working Men's Club Live Music 表演空間 ③
13.Bookartbookshop 獨立書店 ③
14.Artwords Bookshop 藝術書店 ③
15. 紅磚巷書店Brick Lane Bookshop
16.Flashback Record 唱片行 ③

17.XOYO 電子夜店 ❶
18.Fabric 電子舞曲夜店
19.The Book Club ❶
20.Queen of Hoxton 屋頂酒吧 ❶
21.Nightjar 酒吧 ⑥
22.The Mayor of Scaredy Cat Town 酒吧 ⑥
23.Workshop Coffee 咖啡廳 ⑥
24.Shoreditch Grind 咖啡廳 ⑥

25.Bulldog Edition 咖啡廳 ❻
26.Cereal Killer Cafe 咖啡廳 ❻
27.Tramshed 雞與牛餐廳 ❻
28.Dishoom 印度餐廳 ❻

29.Columbia Road 花市 ❹
30.Redchurch Street 紅教堂街 ❹
31.Old Spitalfield Market 市集

Chapter1 達人帶路──❶
Chapter3 藝文景點──❸
Chapter4 聚落推薦──❹
Chapter6 創意食堂──❻

百老匯市集（Broadway Market）旁的運河風景

HACKNEY

前 衛 藝 術 的 創 意 發 跡

Shoreditch 的走紅帶來大量商業與資金進駐，導致年輕藝術家紛紛出走，尋找更前衛也便宜的創作場域。北方的 Dalston 原是連倫敦人都避之唯恐不及的治安灰色地帶，如今因為藝術家的外移與更多創意場地開發身價上漲，大量新潮酒吧與藝文空間齊聚，夏天的熱門景點如：屋頂花園 Dlaston Roof Park、非主流音樂天堂 Café OTO、藝術地下劇場 Arcola Theatre；而更東邊的 Hackney 更取代 Shoreditch，成為孕育新一代年輕藝術家的溫床。

東倫敦人私藏的世外桃源

喜歡大自然的人可以在 Hackney 找到東倫敦最受歡迎的兩塊綠地。London Fields 因為鄰近運河及深受當地人喜愛的百老匯市集（Broadway Market），假日常見數以百計的倫敦文青或是全家大小，一片和樂融融在草地上運河邊野餐嬉鬧，市集兩旁佈滿許多深藏不露的咖啡廳與餐廳，但各式攤販小吃飄香又在第一時間擄住人胃口……光是一個市集就得花上無數次造訪探索，建議短暫停留的旅人不妨放寬心盡管憑直覺感受。再往東邊走，則是一望無際的維多利亞公園以及眾多熱門音樂祭的舉辦場地——東倫敦的森林公園。

造訪新銳藝術家誕生地

跨過維多利亞公園，這時你可能已經感覺離市區非常遙遠，Hackney Wick 像是個城市邊陲（事實上還沒呢！倫敦比你想像的大更多），是現今新銳藝術家最活躍的聚落之一，這裡有大量的藝術設計工作室、小型藝廊，靠近運河邊有自釀啤酒廠與餐廳，可坐在戶外邊啜飲啤酒邊欣賞河道船屋風光。街上的建築外觀被街頭藝術家塗滿大型彩繪，往南邊步行還可在展演空間 Stour Space 隔著河仰望 2012 年的倫敦奧運場館。平常時間造訪可能不容易體會 Hackney 的深，但若剛好有機會參與這區域舉辦的藝文活動，走在路上不經意撞見的也許就是未來的大藝術家，那麼我們建議，不妨來此散步、迷路、幻想一下年輕窮藝術家為了創作求生存，居住在五坪不到的狹小工作室，現實卻美好的生活狀態。

隔著運河遙望倫敦奧林匹克場館。

想接近倫敦的文藝青年，多來Hackney 一帶晃晃，參加活動和逛市集都是不錯的選擇。

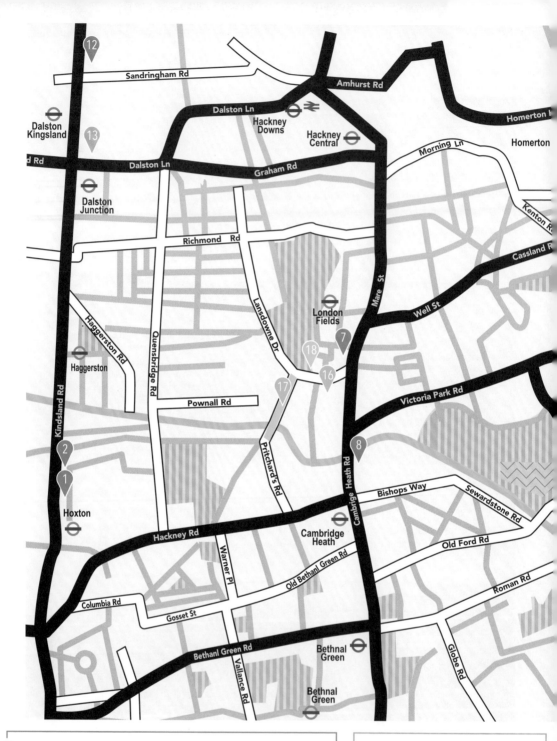

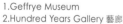

1.Geffrye Museum
2.Hundred Years Gallery 藝廊
3.Elevator Gallery 藝廊
4.Schwartz Gallery 藝廊
5.Nunnery Gallery 藝廊
6.Bow Arts 藝術工作室

7.SPACE 創意工作室 ❸
8.Lime Wharf 創意空間
9.The White Building 藝文空間
10.Stour Space 藝文空間
11.The Yard Theatre 戲院
12.Kristina Records 唱片行 ❸

13.Café OTO 咖啡廳/ 表演場地 ❸
14.The Hackney Pearl 藝文咖啡廳
15.CRATE Brewery & Pizzeria 手工啤酒吧 ❻

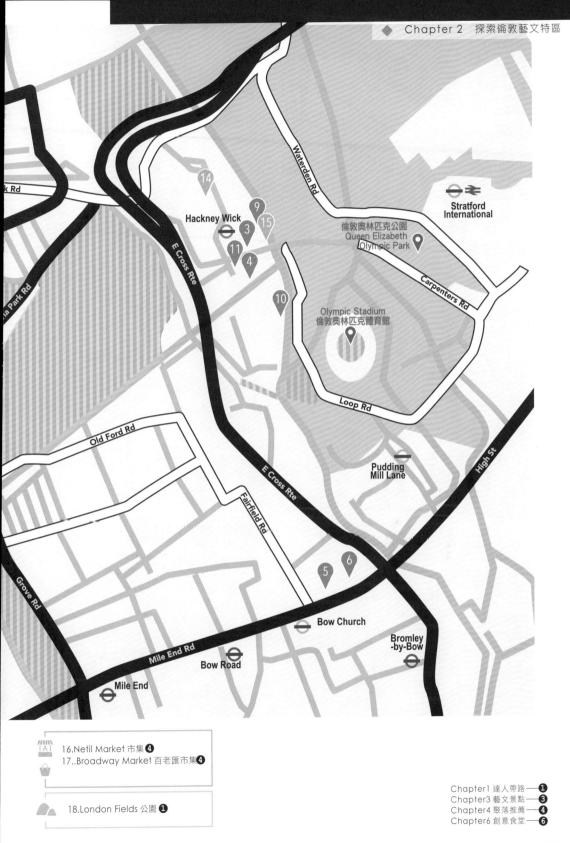

Waterden Rd

14

Stratford
International

9
Hackney Wick   3   15

11
4

倫敦奧林匹克公園
Queen Elizabeth
Olympic Park

Carpenters Rd

10

Olympic Stadium
倫敦奧林匹克體育館

E Cross Rte

Loop Rd

ia Park Rd

Old Ford Rd

E Cross Rte

Pudding
Mill Lane

High St

Fairfield Rd

Grove Rd

5   6

Bow Church

Bromley
-by-Bow

Mile End Rd   Bow Road

Mile End

16.Netil Market 市集 ❹
17..Broadway Market 百老匯市集 ❹

18.London Fields 公園 ❶

Brixton Village Market 充滿異國風味的室內市場 Brixton Village Market

OKAN

IYA IBADAN

SOUTH LONDON

城市邊緣的藝術新生地

提 到倫敦治安的灰色地帶，一定免不了這裡，距離市中心較遠的南方聚落是觀光客鮮少涉及的區域，近幾年卻因為東倫敦身價大漲，而成為年輕藝術家遷移的新興之地，因為這些年輕藝術家總是聚集在貧窮與髒亂的城市邊緣。幾乎所有白手起家的創意工作者在還未被賞識成名前，都曾有過窮困潦倒的境遇，那是一種讓人想繼續前進的生存動力，也是新銳藝術家們群聚、彼此互相砥礪的滋養環境。

都市邊緣的獨特風景

倫敦南邊的Brixton，在三年前來到倫敦初次造訪時還覺得戰戰兢兢，一出地鐵站印入眼簾的景象，相較其他市鎮有如此明顯的差異，群聚的黑人、加勒比海風格攤販、傳統字體的招牌、菜市場、商店，如今在造訪多次後，漸漸也能感受它與眾不同的獨特風景。位在火車站橋下的Brixton Village Market，是許多倫敦人平日假日最喜歡閒晃聚會的地點之一，由挑高玻璃天頂打造的室內市場，置身在每一條相互連接的巷道中，彷彿一場探險，品嚐各式異國餐廳、咖啡廳與特色小店，發現未知驚奇。除了美食，Brixton更是許多音樂愛好者經常造訪之地，在音樂展演空間O2 Academy（倫敦巨蛋O2 Arena的姊妹場地）享受知名樂團和DJ表演，通常僅需要20幾英鎊的實惠價格。往東走去，Peckham是更極致的「南邊藝術風景」。

飽覽南倫敦多元藝文特色

這裡有倫敦最多元的人文景色，大量的外來移民為街道著上五花八門的語言和色彩，放眼望去超過30%是非洲裔居民、充滿異國風情的美容所、理髮廳、小吃店，讓人瞬間有種不在倫敦的錯覺。也許相較於其他倫敦區域，Peckham在治安方面的聲名狼籍會讓人有些卻步，但想像一下那些年輕又才華洋溢的藝術家，正需要一個多樣性又不被商業化汙染的場域，才能碰撞出那些不受拘束的前衛創作。就像夏日限定的屋頂酒吧Frank's Café，就是個很有趣的建築計畫，在一般人很難想到的破舊停車場頂樓，得先穿過一

倫敦南邊最美的天際線，Frank's Café。

個像是通往秘密集會的小徑,終於爬上頂樓才發現眼前一片豁然開朗的倫敦遠景;而
Bussey Building 裡則聚集了各式各樣的獨立創作者和設計師工作室,假日更是跳蚤市
場與戶外喝啤酒吃小吃的好去處。南倫敦藝廊(South London Gallery)緊鄰知名倫
敦藝術大學旗下的坎伯威爾藝術學院(Camberwell College of Art),超過一世紀
以來持續為 Peckham 注入新藝術的生命力;其他還有像是當地居民與藝術家的溝通平
台 Peckham Platform、紀念英國戰後藝術家 John Latham 的 Flat Time House
美術館等,都值得藝文愛好者遊歷一遭。

若聊到更南邊的 Forest Hill,可能又會讓人跌破眼鏡,從地名上看來,與前兩區不修邊
幅的美不同,這裡可比擬為南倫敦的富人區,不但氣質出眾,充滿廣闊森林、綠地與毫
宅,鄰近的 Horniman Museum 像是南邊的大英博物館,展出包括世界文化、自然歷史
及豐富多元的樂器等,無論逛展或呼吸芬多精都是很棒的選擇。

是轉角反光鏡還是裝置藝術?美容院亦或是變裝店?想探索不一樣的倫敦景緻,不妨往南邊出發!

1.O2 Academy Brixton Live Music 表演場地
2.Flat Time House 美術館
3.Horniman Museum 博物館
4.South London Gallery 南倫敦藝廊 ❸
5.Brixton Art Gallery 藝廊
6.Knight Webb Gallery 藝廊
7.Dulwich Picture Gallery 藝廊

8.Peckham Platform 藝術平台
9.Bussey Building 藝文空間

10.The Lido Cafe 泳池畔咖啡
11.Frank's Cafe 夏季酒吧 ❻

12.Brixton Village Market 市集 ❹

3

VISIT THE
EXCLUSIVELY
ARTISTIC
SPOTS

走 訪 行 家
私房藝文景點

在倫敦,若詢問當地人最喜愛的娛樂活動,會發現時常聽到的,不是我們在台灣熟悉的逛街或看電影,而是看展覽!倫敦的文創領域之所以能如此蓬勃發展,除了悠久的歷史與文化累積,完備的藝文政策帶動倫敦獨一無二的文創環境,孕育了當地人多元的藝術涵養,從還在嬰兒車上嗷嗷待哺的小娃,到年輕人、老爺爺、老奶奶,不分年紀職業,經常可見各類型的人齊聚展覽會場的景象;此外,更造福了源源不絕慕名而來的觀光客,親民的「免費入場」福利,讓藝術貼近每個人的日常生活,無論是街邊不起眼的小眾藝廊,還是赫赫有名的大型博物館、老式電影院或獨立藝術書店,都能輕鬆體驗藝術與創意為生活帶來的美好能量。

然而倫敦數不盡的藝文景點,卻時常讓短暫造訪的旅人很頭痛,到底該如何選擇才是最有效率和適合自己的行程?於是本章採訪了六位實地居住過倫敦,並各自在文創產業打拚的台灣人,從他們的在地經驗與專業見解出發,讓你用不著手足無措,儘管推開那扇通往藝術的大門,走進令人著迷上癮,驚喜連連的創意世界!

倫敦十大經典藝文景點

過去提到倫敦的藝術，你可能常聽到以下 **10** 個重要的藝文場所，涵蓋歷史、文化、藝術、設計等多重領域，根據倫敦著名的旅遊雜誌《**Time Out London**》**2015** 年十大博物館的排名（如下），無論是觀光客或當地人都經常出沒這些景點，能充分體驗倫敦新舊交融的魅力所在。

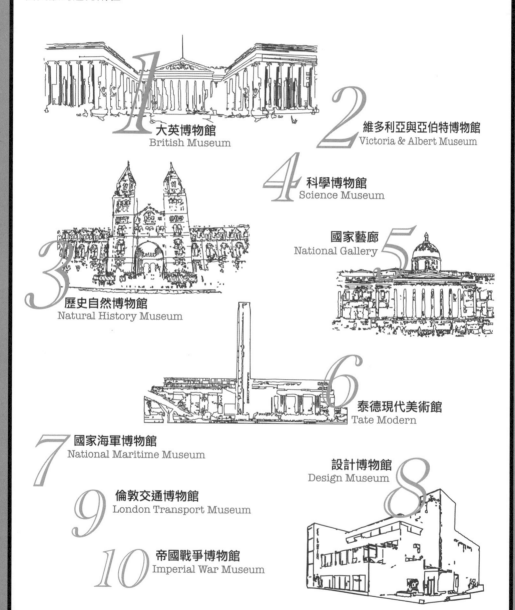

1 大英博物館
British Museum

2 維多利亞與亞伯特博物館
Victoria & Albert Museum

4 科學博物館
Science Museum

3 歷史自然博物館
Natural History Museum

國家藝廊
National Gallery *5*

6 泰德現代美術館
Tate Modern

7 國家海軍博物館
National Maritime Museum

設計博物館
Design Museum *8*

9 倫敦交通博物館
London Transport Museum

10 帝國戰爭博物館
Imperial War Museum

然而，除了以上的經典選擇，倫敦藝術文化的博大精深與多元創意絕對超乎你的想像！接下來不妨跟著六位行家的私房行程，從在地人的觀點，深度走訪更多新奇有特色的藝文景點，從大型博物館與藝術中心、小眾地方藝廊，到特色獨立書店、電影院等一一精挑細選，意外的是，最後出爐的名單，個個都是倫敦文創工作者也常去的熱愛聚所，實在不容錯過。

獨立策展人與自由寫手，現於倫敦金匠學院就讀藝術策展研究所，擅長藝術評論與文化觀察，參與多本藝術與生活雜誌報導寫作。

戴映萱

紀柏豪

音樂創作者、表演者與聲音藝術家，於倫敦金匠學院音樂碩士畢業後，全力投入聲音藝術與實驗音樂領域，作品涵蓋電子、電影原聲帶作曲、流行音樂與影視配樂等領域。

張碩尹

首位榮獲「愛丁堡新人創作獎」的台灣藝術家，畢業於倫敦金匠學院，專精塗鴉領域與複合媒材藝術，現於不同城市持續參與駐村創作與國際展覽。

Yolanda Y. Liou

自由攝影師、作家、譯者，定居倫敦，喜愛存旅行與生活中發現未知驚喜，並以創作持續帶給人們熱情與感動。

Yiche Feng

資深平面設計師與插畫家，畢業於倫敦金斯頓大學插畫研究所，目前專精於書籍封面設計，參與過多本知名小説設計，如日本名作家東野圭吾著作《當祈禱落幕時》。

劉家文

知名部落格「英國觀察日記」成員之一，同時也是群眾募資平台嘖嘖zeczec 的共同創辦人。自倫敦創意藝術大學時尚設計研究所畢業後，便在倫敦居住多年至今，喜愛時尚設計領域，目前任職於倫敦知名精品大牌網路行銷工作。

從驚奇當代藝術認識倫敦

給初次造訪倫敦想大開眼界的人

倫敦當代藝術學會 ICA
(INSTITUTE OF CONTEMPORARY ART)

1

▼The Mall, London SW1Y 5AH　▼Charing Cross 地鐵站
▼https://www.ica.org.uk/

戴映萱：
「學電影就要去BFI，
學當代藝術就要去ICA。」

必去理由　當代藝術的定義廣泛，不只展覽多元，本身的空間安排也非常多樣，包括大型展間、酒吧旁的小型展覽區域、表演空間、獨立電影院、書店等。每年11月會展出「彭博新當代獎」（**Bloomberg New Contemporaries**），以挖掘倫敦起家的新銳藝術家為目的，是藝術系學生嶄露頭角的大好機會，更是民眾能體驗新穎創意的有趣展覽。

1946年創立的ICA，在倫敦可說是喜愛當代藝術的人必朝聖的殿堂，將近70年的悠久歷史發展，ICA像是倫敦當代藝術領域的開路先鋒，從50年代開始便以開創性風格的展覽闖出名號，以獨特角度切入演繹當代藝術的多樣形式（繪畫、裝置、雕塑、建築、表演、音樂等），即使還沒造訪，也能從過去舉辦的展覽得知它不簡單的地位，普普藝術家Richard Hamilton、著名哲學家Francis Bacon、現代藝術大師Picasso、英國小說家J.G Ballard、倫敦知名居家集團Conran Shop（後面章節會介紹的必逛商店）創辦人Terence Conran、英國建築史上的重

All ©Tzu Yu Liu

要女建築師Jane Drew 等。直到1968 年ICA 才遷到現址,積極投身表演藝術,並為新銳技術家舉辦講座和展覽,像是90 年代興起的幾位備受爭議的前衛藝術家Chapman Brothers、Damien Hirst,都曾在此舉辦首次大型個展。不止展覽吸引人,喜愛獨立電影與藝文活動的人更不能錯過二樓的小型電影院,放映來自不同國家的獨立藝術電影,以及名為ICA Off-Site 的周邊企畫,將藝文觸角延伸至不同場地或城市,像是2013 年在Selfridges 百貨旁Old Selfridges Hotel 空間舉辦的倫敦次文化(從80 年代至今)特展,就是會讓藝術與時尚迷瘋狂的Pop-up 限定活動。

©Tzu Yu Liu

White Cube Bermondsey
▮144 – 152 Bermondsey Street, London SE1 3TQ ▮London Bridge 地鐵站
White Cube Mason's Yard
▮25 – 26 Mason's Yard, London SW1Y 6BU ▮Green Park 地鐵站
▮http://whitecube.com/

白立方藝廊
WHITE CUBE

劉家文:
「White Cube 風格比較小眾,空間彷彿沒有界線,打破我對藝廊的印象!」

戴映萱:
「比起在市中心的Manson's Yard 分部,我更喜歡White Cube Bermondsey。」

因為空間優勢, 在**White Cube Bermondsey** 可看到許多大型裝置與錄像作品,風格非常前衛實驗,也可以看到更多展覽與空間的可能性;**Manson's Yard** 則是比較多平面作品,有時也會整間藝廊只展出一件藝術品,讓人印象深刻。

必去理由

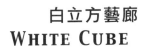
©Tzu Yu Liu

White Cube 是當今倫敦最有影響力的商業畫廊之一。1993 年在倫敦最傳統的藝術交易區域St. James 的Duke Street 創立,一開始只是個約莫6 坪大的迷你空間(當時是歐洲最小的展覽場地之一),20 年後的今天,在倫敦有兩個據點,香港和巴西聖保羅也設立海外分部。

White Cube 最令人印象深刻的，莫過於極簡前衛的空間風格，全白基底加上日光燈照射，彷彿將藝術品置放於不被打擾的真空狀態，讓參觀者能在白色方塊裡全神貫注地體驗與感受，展覽和空間都值得旅人一遊。2011 年在泰晤士河南岸成立的Bermondsey 總部就是最好的代表，占地約1600 坪，建築師Casper Mueller Kneer 將70 年代的倉庫建築改造成如今的大型藝術空間，共分成三個主要展覽區域：南藝廊（South Galleries）為主展場，北藝廊（North Galleries）則由三個小藝廊組成，著重在新銳藝術家與創作者，另外在建築的正中心約25 坪的藝廊9x9x9，則被運用為特殊企畫或單一大型藝術品或裝置的陳列。

©Tzu Yu Liu

3

南倫敦藝廊
SOUTH LONDON GALLERY

▼65-67 Peckham Rd, London SE5 8UH ▼Peckham Rye 地鐵站
▼http://www.southlondongallery.org/

South London Gallery 可說是南區畫廊中最具規模的一間，地處南倫敦近年來熱門的藝術新生地 Peckham，也是很難得地理位置較遠但仍然頗具知名度、受到許多倫敦藝文人士愛戴的藝廊。在地經營超過一世紀的 South London Gallery，是南倫敦藝術發展史上的重要力量、當地居民的免費創意來源，也致力於推廣當地藝術家。剛開始是圖書館，爾後漸漸開始辦展覽才演變為藝廊，豐富的館藏是當代藝術與教育的寶貴資糧。它曾被英國衛報評為倫敦最優雅的藝術場地之一，實際造訪後確實很難不被裡頭美麗的空間感染，外觀是典雅的維多利亞風格建築，近年來新建的展場空間挑高明亮，每年共有五期不同的主題特展。此外，館內連接戶外花園附設的咖啡廳 NO67，更是深受當地人喜愛，食物好吃、空間美觀，看展之餘不妨也逛逛書店、喝杯咖啡甚至用餐，都是非常道地的倫敦藝文饗宴。

戴映萱：
「倫敦南邊非常親民舒服的地方藝廊！」

歷史悠久、空間舒服大方，展覽免費內容卻扎實多元，包含裝置、錄像、表演藝術等，整體感覺非常親切，除了展覽外，書店和咖啡廳都讓人流連忘返。

必去理由

海沃美術館（南岸藝術中心／英國電影協會）
HAYWARD GALLERY (SOUTHBANK CENTRE/BFI)

4

▼Belvedere Rd, London SE1 8XX　▼Waterloo 地鐵站
▼http://www.southbankcentre.co.uk/node/29277

戴映萱：
「展覽驚喜連連，
內容都是一流水準！」

必去理由
Hayward Gallery 的展覽內容新穎，空間很大，藝廊很會宣傳自家的展覽活動，並且結合 **Southbank Centre** 豐富的周邊活動，例如演講、講座等，參與聽眾非常多元。另外也推薦**BFI**裡的電影圖書館，有許多電影相關藏書，每年舉辦大型電影節活動，有來自世界各國的優秀影像作品齊聚一堂。

1968 年成立的 Hayward Gallery，是 60 年代粗野派建築的經典代表之一，由英國建築師 Dennis Crompton、Warren Chalk 和 Eon Herron 共同創作，展覽主題均為國際級知名藝術家，以創新多元的空間表現著稱，每次去參觀大型特展都會有不同的驚艷和體驗，像是 2015 年由藝術家 Carsten Höller 帶來的 "Decision"（決定），不但蓋了座重天而降的旋轉溜滑梯，更以不同大型裝置，讓民眾能以趣味的互動方式，以全新視角體驗做「決定」的過程；在倫敦看展最棒的收穫之一，就是打破過去以為人與藝術之間的遙遠距離。而 Hayward Gallery 與 Queen Elizabeth Hall、Royal Festival Hall、Purcel Room 和 The Poetry Library 組成倫敦最重要的南岸藝文中心（Southbank Centre），是市中心最大的文創場域，也是倫敦人的娛樂重地，提供音樂、舞蹈、表演、藝術等眾多文化活動，更棒的是許多都是免費，每到假日的泰晤士河畔，充滿全家大小、親朋好友齊聚嬉笑的美好畫面，也正呼應了南岸藝術中心的精神：藝術可以改變生活，人人都能享受藝術。此外，鄰近還有英國電影協會（BFI），提供全世界廣泛多元的電影收藏放映、世界知名的 IMAX 影院也在此，是電影迷的必訪寶地。

©David Levene / Hayward Gallery

2015 年夏天，比利時藝術家Carsten Höllery 在海沃美術館舉辦以「決定」(Decision) 為題的特展，在建築外打造左右各一組的大型戶外溜滑梯。

蛇形畫廊
SERPENTINE GALLERIES

Kensington Gardens, London W2 3XA
http://www.serpentinegalleries.org/

戴映萱：
「非常適合來旅遊的人，
一邊欣賞藝術，
一邊享受綠地大自然。」

必去理由

藝廊位在海德公園中的**Kensington Gardens**，擁有得天獨厚的優美環境。同樣都有國際級展覽，**Hayward Gallery** 的門票較貴，**Serpentine Galleries** 則全年免費，每年夏天限定的**Serpentine Pavilion** 大型戶外展覽，一次比一次精采。

© 2007 John Offenbach / Serpentine Gallery

位在肯辛頓花園（Kensington Gardens）裡的 Serpentine Galleries，由兩間畫廊 Serpentine Gallery 和 Serpentine Sackler Gallery 組成，後者未來感十足的前衛流線型建築，是由享譽國際的知名建築師 Zaha Hadid 所設計，非常推薦建築迷前往朝聖。Serpentine Galleries 自 1970 年創立，除了全年提供免費的國際級展覽，最受歡迎的是每年夏天的特別建築計畫 Serpentine Pavilion，從 2000 年開始至今，已成為全球建築界的創意大事。曾邀請知名建築師和設計師如伊東豐雄、艾未未及其他世界各國的佼佼者，在 Serpentine Gallery 外的空間，造一座期間限定的夢幻建築，有的像降落在地球的金屬太空船、也有如同巨型熱氣球（或燈泡）的前衛空間，讓倫敦人年年都引頸期盼夏天一到，又會有什麼有趣驚奇的新體驗。

Serpentine Pavilion by Selgascano © 2015 Iwan Baan

Serpentine Pavilion by Sou Fujimoto © 2013 Jim Stephenson

▼77-82 Whitechapel High St, London E1 7QX ▼Algate East 地鐵站
▼http://www.whitechapelgallery.org/

白教堂藝廊
WHITECHAPEL GALLERY

1901 年建造，歷史悠久的 Whitechapel Gallery 是東倫敦的當代藝術先驅，也是倫敦第一家取得公共贊助的藝廊，早期因展出畢卡索作品《格爾尼卡》而聲名大噪，爾後也在後戰時期的英國當代藝術史扮演重要角色，1956 年展出的「This is Tomorrow」（這就是明天），集結建築、繪畫、雕塑等不同領域，包括著名畫家 Richard Hamilton 也參與其中，奠定了 Whitechapel Gallery 在英國藝術史上的經典地位。

戴映萱：
「Whitechapel Gallery 帶動整個東倫敦的當代藝術風潮，來到東倫敦必去。」

館內空間規模雖然不算大，不過從外觀便能感受到 Whitechapel Gallery 的獨特氣質，典雅的圓形拱門搭配現代感十足的招牌字體，衝突感與藝文味十足，2009 年重新翻修擴建的內部空間，純白裝潢的現代感風格，是推廣新銳藝術家與藝術教育的重要平台。另一個推薦重點，則是藝廊與《Time Out London》雜誌共同舉辦的 First Thursdays 活動，每個月的第一個週四會在東倫敦舉辦大型藝文夜派對，有超過百間的東倫敦小型藝廊共襄盛舉，並將營業時間延長至晚上 9 點，提供免費酒水邀請全民來同歡，時常可見藝術家、藝界人士一同齊聚交流，除了更拉近藝術與生活，也為東倫敦帶來源源不絕的創意生機。

在英國當代藝術史上扮演重要地位，重新翻修後的空間能容納更多展品，裡頭的書店也販賣許多藝術書店沒有的書。

必去
理由

First Thursdays 藝術夜派對 ©Whitechapel Gallery

© Guy Montagu Pollock at Arcaid / Whitechapel Gallery

皇家美術學院 RA
(ROYAL ACADEMY OF ARTS)

7

▶Burlington House, Piccadilly, London, W1J 0BD ▶Green Park 地鐵站
▶https://www.royalacademy.org.uk/

張碩尹：
「除了Summer Exhibition，
個別藝術家的特展都辦得
很好！」

**必去
理由**

英國最古老的藝術學校，
目前最厲害的當代藝術家都
在**RA**的學會中，像是創作《**My
Bed**》（我的床）的英國藝術家
Tracey Emin。特別的是**Summer
Exhibition** 將全世界精選而來的藝
術家作品，以舊時代風格懸掛在牆
上，並把名字遮起來，讓參觀民眾更
能專注感受作品本身。

RA 的名字乍聽之下經常被誤認為是倫敦藝術名校 Royal
College of Art，事實上前者比較偏向藝術機構與非傳統的教育
體制，後者才是專門提供藝術與設計碩士課程的大學。RA 位在
觀光客最密集的購物區域 Piccadilly Circus 不遠處，前有英國皇
家御用茶店 Fortnum & Mason，步行不遠還能抵達 Green Park
與白金漢宮，附近也有歷史悠久的五星級飯店 The Ritz、明星餐
廳 The Wolseley 與購物迴廊 Arcade，讓整條街更增添許多貴
族氣息。在這樣的氛圍環繞中，進入 RA 古老的建築 Burlington
House 前，會穿過一段美麗高聳的拱廊，每次造訪總是先被四方
型中庭廣場上的巨型雕塑品給大大驚豔，許多民眾也會坐在廣場
上喝咖啡欣賞免費公共藝術。

而 RA 的藝術地位之所以與眾不同，除了它是英國最古老的藝術
學校（到 2018 年即將屆滿 250 週年），培育過無數的繪畫、雕刻、
建築等藝術人才，而且必須通過嚴格甄選才能進入，一旦成功申
請上三年學費全免，並提供許多額外工作與生活費補助。再者是
RA 會挑選 80 位英國當代藝術精英與海外藝術家加入學會，會在
一年一度最重要的藝術盛會 Summer Exhibition 上展出作品（自
1769 年開始第一屆爾後演變為 RA 傳統），是每年夏天倫敦人不
會錯過的藝術嘉年華會，無論大人小孩、一般民眾或藝術收藏家，
皆慕名而來欣賞最新出爐的創作。

RA Summer Exhibition 2015

RA 中庭裝置藝術

8

佩斯藝廊
PACE GALLERY

▼6 Burlington Gardens, London W1S 3ET ▼Green Park 地鐵站
▼http://www.pacegallery.com/london

戴映萱：
「交通便利，展覽免費，若剛好在市中心不妨過去看看。」

必去理由

位在倫敦市中心，地理位置方便又能免費參觀，挑高空間很棒。全世界有許多間，作品也都有一定水準。

中國藝術家Liu Jianhua ©Pace London

韓國藝術家Lee Ufan ©Tzu Yu Liu

Pace Gallery 是 1960 年成立於美國波士頓的商業畫廊，在全球各國擁有許多分部，可說是全球知名的老字號藝廊，目前在紐約、倫敦、北京、香港等地共有八個分部。而倫敦的 Pace 就位在 RA 正後方，初次去時只是碰巧路過，一逛才發現展出的作品大有來頭，雖然只有兩個展間，不過挑高四方的空間，以白色調為基底，讓現場看展的感覺舒適自在。在市中心卻位置低調，所以不會有太多人潮，可以很輕鬆地享受與藝術品對話的時間。展場外有一間咖啡廳，也是都市中小憩的不錯去處。

9

▶Duke Of York's HQ, King's Rd, London SW3 4RY ▶Sloane's Square 地鐵站
▶http://www.saatchigallery.com/

薩奇美術館
SAATCHI GALLERY

戴映萱：
「來倫敦必去！展覽都免費！」

Yiche Feng：
「Saatchi 的展覽從沒讓人失望過！」

劉家文：
「不裝護欄讓大家能更靠近展品，
我很喜歡那裡錯置的樓層空間。」

必去理由

偌大的占地面積，即使展覽中的作品再大，都能保有一定的留白與空間，加上彷彿沐浴在日光下的明亮舒適光線，讓人每次造訪Saatchi，都會對現場大膽前衛的當代藝術作品更加印象深刻。樓上的書店很好逛，旁邊的酒吧兼咖啡廳Gallery Mess 也延續Saatchi 外觀，走非常高雅舒服的風格。

在倫敦看展不僅僅是在享受展覽本身，更常對空間氛圍感到震撼，Saatchi 就是這樣一個地方，2008年才搬到現址，倫敦知名富人區切爾西（Chelsea），擁有占地近 2 千坪的超大空間與綠地，從 Sloane's Square 地鐵站步行至美術館的路上，已經開始欣賞當地獨有的西倫敦風景與貴族氣息，身邊經過的商店廣場都充滿濃濃度假氛圍，天氣好時路邊的露天咖啡座總是一位難求。

©Saatchi Gallery

2013 年，薩奇美術館展出藝術家 Rafael Gómezbarros 的巨型螞蟻裝置作品 Casa Tomada。©Sam Drake / Saatchi Gallery

藝廊內的偌大空間是 Saatchi 讓人很難忘的原因之一，不同展間挑高明亮的氛圍，巧妙安排的各樓層動線，讓 Saatchi 總是可以展出特別大型、視覺強烈、實驗性極強的當代新銳藝術創作，無論作品和空間本身，都是讓人每隔一段時間就會想造訪的原因。不過其實 Saatchi 在倫敦人心中的深刻印象，早在 30 年前就植入，創辦人 Charles Saatchi 是英國當代藝術史上極具爭議的收藏家，他大膽不怕批評的高調作風，甚至特別愛買才剛從學校畢業的藝術家作品，捧紅了許多年輕一輩的英國新銳藝術家，Damien Hirst 就是最好的例子。因此那裡展出的通常是年輕有潛力的創作，或是過去鮮少有機會來英國展出的國際藝術家，如同 Saatchi 總是能帶給人源源不絕的新意般，無論你喜歡與否，終究不會影響當代藝術的多元個性。

10

惠康藝術中心
WELLCOME COLLECTION

▼183 Euston Rd, London NW1 2BE　▼Euston 地鐵站
▼http://wellcomecollection.org/

Yolanda Liou：
「我喜歡它相對來說沒這麼知名，展覽卻非常有趣，閱覽室空間很棒。」

張碩尹：
「Wellcome Collection 的展覽通常都會有一個大主題，但最後會回歸到很根本的問題：什麼是生命？死亡？人體？」

Yiche Feng：
「策展相當厲害的藝術中心，很會做跨領域的發揮！我也很推薦商店，販賣許多很有趣的書，有科學也有偽科學。」

必去理由　以全新角度深度探討關於人的議題，卻用非常親民和淺顯易懂的方式，帶領參觀者重新思考我們已經習以為常的知識領域，並獲得靈感或啟發。

在倫敦琳琅滿目的藝文機構中，位在北倫敦的惠康藝術中心，絕對是即使你過去不熟悉，一旦造訪就難以忽視的特殊景點。首先是它以醫學結合藝術為宗旨，從人體、生命、科學、性別、死亡等不同角度切入探討，卻以極為創意和兼具藝術精神的方式呈現，打破過去人們對科學與醫學的想像，從建築、室內設計、展覽主題挑選、展場佈置、視覺形象到周邊活動，都成功激發了一般大眾的好奇心，更讓人驚奇的是眼前這一切完全免費！原來 Wellcome Collection 隸屬於英國最大的醫療慈善集團惠康基金會（Wellcome Trust），創辦人 Sir Henry Soloman Wellcome 過去因製藥而致富，遺願是建造能提供免費教育資

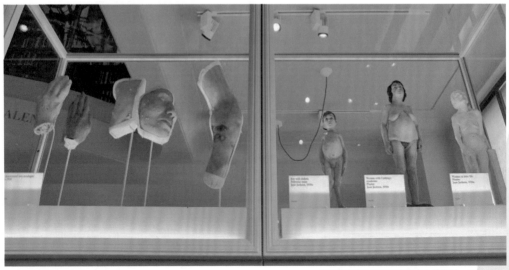

惠康藝術中心現場展出許多人體模型。©Tzu Yu Liu

源的空間造福大眾，因此 Wellcome Collection 從原本基金會中的收藏部門轉變為 2007 年成立的大型藝術中心，除了有展覽，也舉辦講座、工坊等讓人們得以更貼近醫學與科學領域。

目前館內一共有五個展示空間，常態展中陳列過去龐大的醫療物件收藏，而不定期舉辦的特展則提供關於人類的多元主題。三樓才新開不久的閱覽室（Reading Room）提供美侖美奐的閱讀空間，現場有超過千本藏書，以及許多醫療儀器供民眾近距離觀看操作，通往樓上書櫃空間的樓梯上擺滿巨型懶骨頭沙發，讓人彷彿走進 Sir Henry 的自家書房一樣沒有距離感，舒適自在。此外，位於一樓以醫學主題相關的書店更是讓人驚喜連連。

三樓精心裝潢的閱覽室空間。

All ©Tzu Yu Liu

一樓的書店販賣許多醫學相關的有趣小物。

11

▼St. Martin's Pl, London WC2H 0HE ▼Charing Cross 地鐵站
▼http://www.npg.org.uk/

國家肖像藝廊
NATIONAL PORTRAIT GALLERY

Yiche Feng：
「很新鮮，以肖像為主的跨領域展覽，免費workshop能看到各種年紀、類型和不同領域的人共同參與！」

Yolanda Liou：
「Portrait Award 是我每年和老公都會去的約會活動，兩人分頭看完展覽後，各自猜對方喜歡哪幅！（笑）」

National Portrait Gallery 成立超過 150 年，擁有全世界最廣泛的肖像館藏，共有超過 1000 幅肖像作品分別在三個樓層展出，從伊麗莎白一世到英國當紅名人 David Beckham，只要是對英國歷史文化有貢獻的人，統統都會被收錄在這裡，介紹給更多人認識。除了有許多人物，藝術作品本身的類型也極廣，涵蓋繪畫、雕塑、攝影與錄像，提供大眾一個廣泛認識的平台，並在展覽以外舉辦各式活動，像是講座與繪畫工坊，讓你更容易貼近歷代人物。National Portrait Gallery 同時也是教育意義極大的藝廊，提供研究資源交流（採預約制的資料庫與圖書館），時常可以看到老師帶著小朋友在現場臨摹作畫等。每年還會舉辦 BP Portrait Award，從全世界集結上千幅肖像畫作選出優勝作品。

必去理由

在倫敦有許多分門別類的藝文景點，喜歡肖像與人物攝影的人一定要造訪National Portrait Gallery，無論是館藏或短期推出的主題特展都很不錯。

©Andrew Putler / National Portrait Gallery

12

V&A 孩童博物館
V&A MUSEUM OF CHILDHOOD

▶Cambridge Heath Rd, London E2 9PA ▶Bethnal Green 地鐵站
▶http://www.vam.ac.uk/moc/

Yiche Feng：
「很多骨董玩具都保存得很好，重現當時的生活樣貌和文化。」

展品收藏豐富，商品類別廣泛，無論大人小孩都會喜歡，重點是入場免費！

必去理由

身為 V&A 的姊妹博物館，Museum of Child-hood 承襲了 V&A 的博大精深，像是通往過去的時光機，讓小孩大人都忍不住想瘋狂探索。兩層樓的寬敞空間內，匯集了從 17 世紀到現代所累積的各式各樣童玩文物、舊時代的洋娃娃、扮家家酒茶具、近代的星際大戰模型、電動玩具，甚至小型動畫製作機，琳琅滿目的各國豐富收藏，保證讓你大開眼界。除了一般童玩，也展出過去的嬰兒車、嬰兒椅、1840 年代的瓷奶瓶和家具等，相當有趣。展覽現場可見許多小朋友在館內學習中心與兒童劇場穿梭，或是爺爺奶奶們看到兒時玩物時的懷念神情；在現今消費產品氾濫的年代，不妨先放下眼前快速淘汰的價值觀，回憶一下兒時收到玩具就像擁有寶物般的珍貴心情。

另外，博物館本身的建築與室內裝潢也非常值得一看，由改造過無數倫敦重要藝文場地的建築師事務所 Caruso St John 執掌，將舊時維多利亞古蹟建築，重新蓋了座鑲上紅色石英石和棕色斑岩拼接圖騰的入口，活潑又保留了過去的典雅，一樓挑高的中庭書店和咖啡廳也同樣鋪上印花地磚，裡外呼應的風格十分賞心悅目。

孩童博物館內附設書店。

All ©Tzu Yu Liu

1940 年代知名操偶師W.J Obsborn 的手工木偶作品。

13 巴比肯藝術中心 BARBICAN CENTRE

◤Silk St, London EC2Y 8DS ◤Barbican 地鐵站
◤http://www.barbican.org.uk/

Yiche Feng：
「無論是數位或時尚大展，都能感受到Barbican 獨特的敘事脈絡。」

必去理由

歐洲最大的跨領域表演藝術中心，從展場空間設計到不同主題的大展都水準極高，喜愛戲劇和音樂的人，更不能錯過可容納上千人的表演廳。

©Tzu Yu Liu

©Morley Von Sternberg / Barbican Centre

提到 Barbican，絕對是許多倫敦文青心目中藝文排行榜的前幾名，它是歐洲最大的表演藝術中心，也是曾經聲名狼藉的粗野主義（Brutalism）建築經典代表，被封為全倫敦最醜的「水泥怪物」，粗獷不修邊幅的灰色混凝土外牆，讓當初規畫為「未來城市」的一系列建築群 Barbican Estate，像是不畏輿論的怪獸大舉入侵倫敦，讓人無論喜歡與否都無法忽視。

由著名現代建築公司 Chamberlin、Powell 與 Bon 公司所設計，整座建築群除了高層的一般住宅用戶外，也包含學校、博物館、消防局、診所、圖書館、美術館和大型表演藝術中心，後三項構成了大家熟知的 Barbican Centre，結合藝術、戲院、音樂、舞蹈、電影、教育、圖書館、餐廳等功能，館內有倫敦交響樂團及 BBC 交響樂團駐場的 Barbican Hall、大小劇院、電影院、當代藝廊 Barbican Art Gallery 與另一處小型的環形藝廊 The Curve。此外，還有餐廳、會議廳、有豐富音樂和電影藏書的圖書館、露天休息區、咖啡屋，以及頂樓的溫室植物園等。

©Lee Mawdsley / Barbican Centre

體驗更獨特觀點的文創倫敦

給再訪倫敦準備深度探索的人

RAVEN ROW

超市家族傳人的當代藝術大宅

1

▼56 Artillery Ln, London E1 7LS ▼Liverpool Street 地鐵站
▼http://www.ravenrow.org/

戴映萱：
「在東倫敦我最喜歡的藝廊！從作品能
感受到創辦人的優雅品味。」

必去理由　倫敦文創工作者與藝文人士最愛的藝廊之一，本身的建築與室內設計風格也很值得一看。另外展出的作品多半來自過去沒有機會在倫敦或歐洲展覽的藝術家，　不同於一般商業藝廊會跟固定藝術家配合的模式，因此藝術風格更多元。

©Marcus J. Leith / Raven Row

All ©David Grandorge / Raven Row

只要來到倫敦，一定會發現英國有幾家常見的超市，Sainsbury's 就是其一，因為便宜又隨處可見，是許多當地人每天生活不可或缺的所在。而超市跟藝術又怎麼扯得上關係？原來這間近年來非常受到歡迎的東倫敦非營利藝廊 Raven Row，就是 Sainsbury's 超市家族後裔 Alex Sainsbury 所創立。曾被英國衛報記者評為「會讓你驚訝到下巴掉下來的優雅空間」，歷史感十足，建築物本身就是個寶貴的文化產物，從 17 世紀起經歷過兵器演練場、醫院、洛可可風格的精品店等，演變至今成了許多倫敦藝文人士心中最愛的藝文景點，走在室內彷彿來到極高品味的豪華大宅內參觀，氣氛相當舒適自在，加上平時人潮不多，更能專心享受當代藝術的薰陶。館內共有三層樓，展出藝術家通常是國際級水準，但過去鮮少有機會來到歐洲展出的藝術家，包含繪畫、裝置、錄像等多元形式，在 Alex 本人對於藝術的愛好下，持續挖掘跳脫既有框架的藝術作品。

©Tzu Yu Liu

2

PROJECT NATIVE INFORMANT
車庫裡的當代藝術小天地

▼17 Brook's Mews, London W1K 4DT ▼Bond Street 地鐵站
▼http://projectnativeinformant.com/

最近在倫敦藝術圈小有名氣的 Project Native Informant，
位在倫敦知名精品街——龐德街（Bond Street）附近巷子，低調外
觀讓人很容易錯過，還以為是個黑色的車庫大門，沒想到打開後別
有洞天。藝廊內展出的多以新銳
年輕的藝術家為主，作品類型偏
裝置和錄像，空間雖然不大，卻
得以進入世界指標性藝術博覽會
Frieze London、Art Basel Miami
Beach 等，可見品味不凡。

© Tzu Yu Liu

張碩尹：
「滿小間的藝廊卻得以被
選入大型藝術博覽會參
展，就像新銳藝術家有機
會被很棒的藝廊相中合
作。」

位在觀光客必去的精品街
旁，小小一間卻充滿不錯
的新銳藝術作品。

必去理由

3

▼63 Penfold Street, London NW8 8PQ ▼Edware Road 地鐵站
▼http://www.theshowroom.org/

THE SHOWROOM
前衛小眾的實驗性創作空間

戴映萱：
「展場不大，非常小眾獨立的藝術
創作風格，時常會看到有趣的作
品。」

必去理由 可以看到較小眾，或反映社會議題的新銳藝
術家創作。

走小眾獨立風格的非營利空間 The Show-
room，專注於合作及過程型的藝術創作，他
們時常會找來不同藝術家委託製作，通常是
在倫敦還不知名，或是來自當地社區的藝術

© Tzu Yu Liu

家,所以不會常常換展覽,而是在某一段期間內展出實驗性、特別、有趣的作品,像是當地是穆斯林區,過去就曾展出女性攝影師 Hengameh Golestan 關於伊朗女權議題的攝影與影片。一樓是展覽空間,二樓則是辦活動的場地,提供行為藝術表演及放映電影。早期合作的一些藝術家,爾後有些都已在藝術界樹立地位,也有不少曾拿過「透納獎」(Turner Prize)。

© Tzu Yu Liu

CAMDEN ARTS CENTRE
住宅區裡的當代藝術中心

4

▼Arkwright Rd, London NW3 6DG　▼Finchley Road 地鐵站
▼http://www.camdenartscentre.org/

© Tzu Yu Liu

1965 年成立於北倫敦的 Camden Arts Centre,是偏重社區發展的當代藝術與教育中心,歷史悠久的建築有著維多利亞時期的紅磚外牆,館內一樓是書店、咖啡廳與戶外花園座位,二樓則是三個藝廊空間,也有提供駐村藝術家工作的空間、工作坊等,通常展出較多與錄像、裝置藝術有關的藝術品。Camden Art Centre 最特別的是除了提供藝術展覽,也非常注重公民教育,藉由活動讓民眾有機會現場觀看藝術家創作,或是參加課程、工作坊等,讓藝術與人們的生活更貼近。

戴映萱:
「雖然位在住宅區中,不過展出藝術家都是國際級,作品很好。」

除了本身展覽都很不錯,也有許多課程、工作坊、講座等等,結合藝術與教育功能,還有漂亮的咖啡廳和花園,很適合親子同遊。

必去理由

MATT'S GALLERY
東倫敦頹廢小眾藝廊

5

▶ 42-44 Copperfield Road, London E3 4RR　　▶ Mild End 地鐵站
▶ http://www.mattsgallery.org/

戴映萱：
「非常東倫敦『流浪漢』風格的
畫廊，我之前去的時候外牆被紙箱
貼滿，很像在廢墟裡看展，印象滿
深刻的。」

必去理由　位在比較偏僻的東倫敦，但風格與一般畫廊
不同，走頹廢破舊路線，展出的藝術家也比
較小眾，很有趣。

已開業 36 年的 Matt's Gallery，可以說是東倫敦的小眾資深畫廊。雖然地段較偏遠，但天氣好時看完展就能在旁邊的公園休息一下，也是滿悠閒愜意。Matt's 的外牆是不起眼的白色建築，進去後右手邊便是書店，主要都是藝術家獨立出版的書籍，左手邊為接待櫃檯與辦公室，共有兩個空間不大的畫廊。作品多元，以錄像、雕塑作品居多，也有少部分繪畫，整體感覺前衛創新。創辦人 Robin 是位非常隨性親切的大叔，他認為藝術是要帶給大眾不同的想法和變革，也歡迎看展的人和他聊天交流，過去曾在 Goldsmiths 任教的他認為對談也是一種教育。

All ©Tzu Yu Liu

©Tzu Yu Liu

6

▼18 Marshall St, London W1F 7BE　　▼Mild End 地鐵站
▼http://www.thevinylfactory.com/

THE VINYL FACTORY SPACE
停車場頂樓的前衛藝術空間

張碩尹:
「有許多很好的展覽都在那舉辦,場地很大,以裝置聲音藝術為主。」

戴映萱:
「位在市中心意想不到的有趣場地,展覽也都很棒。」

必去理由

位在市中心交通便利,空間有趣、展覽多元,2016 春夏的倫敦時裝週也移師此地舉辦。去之前記得先查詢當期是否有展覽。

位在熱鬧蘇活區的停車場 Brewer Street Car Park 頂樓,是個很神奇的藝文空間,雖然不會一直有常態性的展覽,但如果正好碰到有展覽,非常建議去看看,而且是免費入場。因為場地很大,空間的運用較靈活創意,作品偏向新媒體與聲音藝術,現場也有販售唱片。

©Pei-Ying Hsieh

冰島表演藝術家Ragnar Kjartansson,以多媒體形式在The Vinyl Factory Space 帶來第一次英國個展"The Visitors"。

111

7

CARROLL/FLETCHER
新媒體藝術的集大成

張碩尹：
「策展主題時常探討人與科技的關係，在其他藝廊很難看到這樣的東西。」

戴映萱：
「這裡是倫敦少見，能看到很齊全的新媒體藝術藝廊。」

隱身在牛津街後方，Carroll/Fletcher 是倫敦少見專注於新媒體藝術及電腦科技的小眾商業藝廊，支持著名或過去在英國少見的新銳藝術家，運用多元媒介進行創作，並以宏觀的研究反應當代文化。一樓空間展示聲音影像藝術，為參觀者創造獨特的場域氛圍，彷彿被周遭環境圍繞。除了展覽外，也舉辦講座、影片放映及現場表演。此外也滿有趣的是，官網上的 Carroll/Fletcher Onscreen 單元，每週會提供實驗和藝術電影與當期展覽作搭配。

必去理由

台灣比較少見這麼多元類型的新媒體藝術，包括錄像和互動裝置等，推薦給對科技藝術有興趣的人，去感受一下另類的創意。

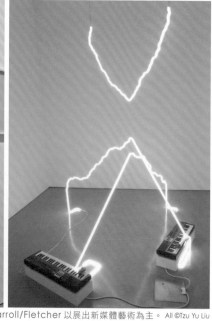

Carroll/Fletcher 以展出新媒體藝術為主。 All ©Tzu Yu Liu

Carroll/Fletcher All ©Tzu Yu Liu

8

▼129–131 Mare Street, Hackney London, E8 3RH　▼Bethnal Green 地鐵站
▼http://www.spacestudios.org.uk/

SPACE
創意工作室與藝術空間

戴映萱：
「去過幾次都滿喜歡的，
集結多元小眾藝術家創作，
很適合去尋找靈感。」

必去理由 前衛小眾的視覺藝術機構，提供創意多元的工作室與展覽。

SPACE 現場可見不少藝術家齊聚創作。 ©Tzu Yu Liu

1968 年就創立的 SPACE，起先是 18 個藝術家的工作室，後來開放給大眾後慢慢演變為展覽性質。除了提供藝術家駐村的工作室外，也有不定期的展覽與活動，展覽以當代藝術為主，從視覺藝術到 Live 的舞蹈表演藝術，種類多元。想看不同小眾藝術家作品的人，不妨來走走。

9

MUSEUM OF BRANDS
一次飽覽產品包裝演變史

▼111-117 Lancaster Road, W11 1QT　▼Notting Hill Gate 地鐵站
▼http://www.museumofbrands.com/

Yiche Feng：

「看一個展等於在看從古至今商品包裝的發展，也反映了生活的演進。」

必去理由
館內蒐集了包羅萬象的商品，從商品演變就可以看出生活習慣的改變，例如玉米穀片的包裝始終沒什麼變，刮鬍膏卻改變很多！

距離 Portobello Market 不遠的 Museum of Brands，展出的可說是人類大眾消費文化的發展史，也是喜愛產品設計與骨董小物者的天堂。1984 年由 Robert Opie 創立，裡頭的收藏全來自他的心血與寶物，包括：玩具、旅遊、交通、休閒娛樂、雜誌、報紙、科技、時尚，或是戰爭和皇室相關產物，依年代細分，分門別類。有趣的是，許多至今仍能在超市大賣場看到的消費性產品，很多都是超過百年歷史的大公司，在博物館的導覽下，我們得以窺見一個品牌從無到蓬勃的演變，不只是進一步了解每個年代流行的包裝設計，背後更反映了不同年代行銷手法的進步更迭。穿梭在蜿蜒的走道上，像是坐了趟時光機重遊一遍古代到現代的趨勢之旅。

All ©Museum of Brands

10

▼37 Camden High St, London NW1 7JE ▼Morington Crescent 地鐵站
▼http://davidrobertsartfoundation.com/

DRAF (David Roberts Art Foundation)
藝術家與觀眾交流的獨立空間

戴映萱：
「DRAF 不僅會展出知名藝術家，
也會有滿有趣的新銳作品。」

DRAF 是一個非營利獨立組織，由一群策展人與作家創立，目的是建造一個平台讓藝術家能交流創意，並分享出去讓大眾能更親近藝術。一樓為展覽空間，共有五間藝廊，展出裝置藝術、繪畫、複合媒材等藝術品；二樓則為藝術家的工作室，有時會舉辦現場表演和小型研討會、講座等活動。

必去理由

集結藝術家工作室、
展覽空間與各類型藝文活動。

All ©Tzu Yu Liu

11

ZABLUDOWICZ COLLECTION
當教堂化身展覽空間

▶176 Prince of Wales Rd, London NW5 3PT ▶Camden Town 地鐵站
▶http://www.zabludowiczcollection.com/

戴映萱：
「在教堂中看展覽的感覺很酷，作品會與環境呼應產生奇妙的感覺。」

1994 年由 Poju 和 Anita Zabludowiz 創立，旗下收藏橫跨 40 年的當代藝術，都是來自世界各地的藝術家，以歐洲和北美為主，目前在倫敦、芬蘭、與紐約設有分部。Zabludowicz Collection 在倫敦是由教堂改建的展覽中心，位在觀光客較少去的西北二區，風格像是舊時代的圖書館，建築外觀典雅，隱身於當地住宅區中的低調，更讓人想一探究竟。

必去理由
教堂改建的展覽空間，較小眾，比較少觀光客知道，挑高的室內空間讓展覽效果很好，也有咖啡廳和圖書室。

©Tzu Yu Liu

DAVID ZWIRNER
認識國際級當代藝術家

12

▶24 Grafton Street London W1S 4EZ ▶Green Park 地鐵站
▶http://www.davidzwirner.com/about/london/

©Tzu Yu Liu

在紐約與倫敦都有的 David Zwirner，同樣是頗有名氣的國際級當代藝術畫廊，2013 年時，草間彌生加入了紐約 David Zwirner 畫廊，直到今年都有新的展覽推出。而倫敦這間則是設立在 Mayfair，距離著名複合式精品店 Dover Street Market 僅有幾步之遙，共有兩層樓的空間，多為中小型尺寸的繪畫靜態作品。

張碩尹：
「畫廊品味很好，個展的藝術家品質都相當高。」

必去理由
品味極佳的國際級畫廊，旗下所簽的藝術家品質都很高。

13

▼23 Savile Row London W1S 2ET　▼Green Park 地鐵站
▼http://www.hauserwirth.com/

HAUSER & WIRTH
飽覽前衛藝術的知名商業畫廊

張碩尹：
「畫廊會花好幾年的時間
去培育幾個藝術家，許多
大藝術家都是英國當代
視覺藝術大獎透納獎得
主。」

**必去
理由**　旗下藝術家類型極廣，許多帶有前衛
爭議風格，是一般大型畫廊裡不會看
到的作品，也有許多裝置與錄像相關。

Hauser & Wirth 是間致力於發展當代與現代藝術的國際知名商業畫廊。1992 年在瑞士創立，如今世界上幾個重要城市如倫敦、紐約跟蘇黎世等都設有分部，旗下共有超過 60 位重要與新銳藝術家，包括美國當代極具影響力的藝術家 Paul McCartney、洛杉磯著名非裔藝術家 Mark Bradford、英國透納獎得主 Martin Creed 等。倫敦的 Hauser & Wirth 位在市中心的高級藝文區 Maytair，只有一層樓，展出的藝術家作品多元，包含裝置藝術、普普及複合媒材都有。

All ©Tzu Yu Liu

ECLECTIC
在日式小清新藝廊裡來杯茶

14

▶ 66 Marylebone High St, London W1U 5JE   ▶ Baker Street 地鐵站
▶ http://eclectic66.co.uk/

劉家文：
「在倫敦很少能看到極致
日式風格的藝廊。」

必去理由 若看太多歐美主流當代藝術，不妨來**Eclectic**換換口味，享受一下日式小清新，喝杯日本茶後還可以順便逛逛 **Marylebone High Street**。 見P.142

位在西倫敦時尚據點 Marylebone High Street 上的 Eclectic，在一片歐美時尚文化中，保有非常清新簡潔的日式風格。店面不大，一樓空間主要展出日本陶藝家的作品，樓下則是畫展和攝影展，店內還提供吧台，供應日本茶及蛋糕。日本老闆 Asako 很久以前在英國念書，後來就留在倫敦幫助日本藝術家在倫敦發展，據說 Asako 還和奈良美智是好友，店內有一幅奈良美智的海報。

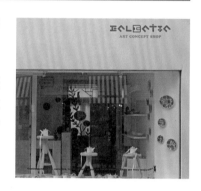

15

▶ http://www.atomicagallery.com/

ATOMICA GALLERY
去潮流POP-UP 藝廊看前衛插畫

Yiche Feng：
「Atomica 會展出許多原本是插畫
家，後來去做純藝術的藝術家作品。」

蒐集來自世界各地的有趣藝術家，喜歡流行文化、新銳藝術、比較潮流風格的年輕畫家作品，**Atomica**，現場販賣很多價格不貴的複製畫。 **必去理由**

位在市中心，但比較特別的是，Atomica 沒有固定的地點，因為市中心租金高昂而選擇以 Pop up Gallery 的方式經營辦展。兩位女創辦人 Orla Bennett 和 Holly Lander 是從 15 歲就認識的好朋友，彼此擁有相同的喜好與相異背景，藝廊提供「買得起的藝術品」，包含非主流的當代藝術、插畫、流行超現實主義、刺青藝術家等，風格偏年輕潮流，像是 Q 比公仔的展覽等。

仔細觀察，倫敦街頭其實隨處是創意與藝術。

其他不可錯過的藝文景點

創意生活無所不在

MAISON ASSOULINE
在法式大宅邸裡享受高級訂製書香

▶196A Piccadilly, London W1J 9EY ▶Piccadilly Circus 地鐵站
▶http://www.assouline.com/

劉家文：
「在倫敦繁忙的市中心也能享受這樣靜謐的奢華優雅品味。」

必去理由 起先是在倫敦**Mayfair**區的五星級飯店**Claridges**開了首間專門店，提供名流旅客彷彿進到自家書房般的奢華體驗；如今在**Piccadilly**打造了旗艦店，更將**Assouline**的奢華美學帶進市民生活，即使不花大錢也能享受品牌用心打造的藝術文化與創意氛圍。

從巴黎起家，爾後擴店至紐約與首爾等，如今這間充滿奢華典雅氣息的書店與高級生活品牌，終於在成立20週年之際，於倫敦最熱鬧的觀光區 Piccadilly 打造旗艦店！稱創辦人 Prosper & Martine Assouline 為當今出版界最迷人的夫妻檔，可是一點也不為過，他們的血液裡與生俱來法式浪漫靈魂，當初因為想替兩人喜愛的南法小旅館出一本書，竟意外創立了 Assouline 的出版事業。

©Maison Assouline

在出版市場低迷的環境中，以極致奢華的宗旨打造最好的品質，書籍內容涵蓋藝術、設計、建築、攝影、時尚、烹飪、旅遊等一切「讓人生富足」的美好事物，Assouline 的高品味讓各領域佼佼者都紛紛答應合作出書，像是知名服裝設計師 Marc Jacobs、法國米其林三星大廚 Daniel Boulud 和傳奇時尚攝影大師 Peter Lindberg 等，目前每年約出版 50 本新書。不過 Prosper & Martine 對文化

與藝術的讚頌不僅於此，更企圖將 Assouline 打造成獨一無二的風格書房，從頂級香氛蠟燭、精品皮箱，到手工書套文具、經典封蠟的禮品包裝等，在在可看出品牌的用心。走進倫敦旗艦店，甚至可買到所有 Assouline 品味的室內設計，骨董家具、燈飾、地毯、藝術品等，亦或是挑個午後窩在書店一樓酒吧的舒適角落，點杯咖啡或香檳看書，搭配店內播放的 6、70 年代經典音樂，單純享受這樣的優雅書香，與經典法式的美好風華。

創辦人Prosper & Martine Assouline

2

PICTURE HOUSE CENTRAL
在文青電影院裡喝一杯

▼20-24 Shaftesbury Ave, London W1D 7DH
▼Piccadilly Circus 地鐵站

劉家文:
「除了建築物本身就很特別,室內設計活潑,
還會播放一些老片、藝術電影。」

必去理由

位在市中心、走文青風格
裝潢的電影院,非常受到
當地年輕人歡迎。

倫敦的電影院和台灣全家大小熱鬧烘烘的氛圍很不一樣,倫敦人喜歡在看電影前先與三兩好友喝一杯,所以酒吧的設立是必須。英國連鎖電影院 Picture House,最近就在市中心 Piccadilly 新開了間擁有七間影院的旗艦店,木質基調的工業復古風搭上色彩繽紛的裝潢,還有能讓陽光透進室內的大玻璃設計,創造了文青味十足又溫馨舒服的空間,除了院線片外也會播放老片與藝術電影。一樓和二樓各有寬敞的咖啡廳和酒吧空間,還有間繽紛的自助式糖果店,就算不看電影,也很適合經過市區時順道進來坐坐小憩。

All ©Tzu Yu Liu

3

Shop1 ▼69 Rivington St, London EC2A 3QQ ▼Shoreditch 地鐵站
Shop2 ▼20-22 Broadway Market, London E8 4QJ ▼從Hoxton 地鐵站轉乘公車
▼http://www.southbankcentre.co.uk/node/29277

ARTWORDS BOOKSHOP
種類齊全的平價藝術書店

Yiche Feng：
「品質與品味兼具的東倫敦藝術書店。」

頗受到設計藝術愛好者歡迎的 Artwords Bookshop，在東倫敦有兩家分店，一間在 Shoreditch 市區附近，另一間則在文青聚集的 Broadway Market 裡，雖然兩家空間都不大，但店內挑的書都滿不錯，再加上價錢合理，一般市面上常見的藝術雜誌和書籍，在這裡幾乎都找得到，而且週週有新書上架。每次去總會看到許多倫敦人擠在小小的店內翻閱雜誌書籍。我自己比較喜歡逛 Broadway Market 中的 Artwords Bookshop，是每次去逛市集的必訪行程之一。

種類齊全、價錢平實，讓人總想帶幾本回家！

必去理由

4

BOOKARTBOOKSHOP
東倫敦獨立前衛小書店

▼17 Pitfield Street, Hoxton London N1 6HB
▼http://www.bookartbookshop.com/

Yolanda Y. Liou：
「開門時間很任性的獨立書店，不過若運氣好，可以在裡面挖到許多驚奇寶物！」

必去理由

販賣獨特藝術家創作、獨立出版的可愛小書店。

販賣許多新奇小物與藝術家獨立出版的書籍，不過營業時間總是跟網站上寫的不一樣，建議去之前先打通電話詢問。在那裡可以找到裝滿每日勵志小語的 Daily Promise 盒子，創作的藝術家挑選了許多幽默有趣的每日格言，像是「我要勇於做自己」，或是「我發誓不再吃泡泡糖」，非常適合收藏與送禮。此外，也有許多手作藝術風味的獨立小書，像是封面釘滿釘子，或是用舊相簿改造，若喜歡新奇特別的小物不妨去逛逛。

All ©Tzu Yu Liu

▼125 Charing Cross Road, London WC2H 0EW
▼http://clairederouenbooks.com/

5

CLAIRE DE ROUEN BOOKS
時尚攝影愛好者的藝術書店

Yolanda Y. Liou：
「如果要找攝影相關書籍，
Claire de Rouen Books
絕對是我的私房名單！」

Claire de Rouen Books 的空間有點像台北的女書店，位在狹窄樓梯走上去的二樓，以獨立出版為主，有許多藝術、時尚、攝影、電影相關書籍。店內有滿多日本攝影集，有一小區的分類叫 Japanese Photobooks，也有販售台灣攝影師申佩玉的女體攝影集作品《脳神経衰弱のうしんけいすいじゃく》。網站也做得相當有藝術味！

必去
理由

時尚、攝影愛好者的藝術書天堂！

All ©Tzu Yu Liu

PRINCE CHARLES CINEMA
讚頌老電影的影迷狂歡夜

▼7 Leicester Place, London WC2H 7BY ▼Piccadilly Circus 地鐵站
▼http://www.princecharlescinema.com/index.php

Yolanda Y. Liou：
「小時候的夢想就是來到倫敦可以待在暗暗舊舊的戲院裡，看一整天的老電影。雖然Prince Charles 不舊，很大很舒適，不過最棒的是有許多熱愛電影的人齊聚，讓現場氣氛非常好。」

放映安排與參與影迷都相當用心，提供二輪電影與經典老片，特殊電影主題之夜更是不可錯過的創意活動，推薦給所有電影愛好者及想感受倫敦創意氛圍的人，實際播放片單以官網為準。

必去理由

Prince Charles Cinema 位在人來人往的中國城內，門口和一般戲院差不多，但裡面可是大有來頭，專門播放老電影，也舉辦許多特別的主題之夜，提供志同道合的影迷們齊聚狂歡；最酷的是，每到主題之夜，不只是節目安排、現場佈置與道具都十分用心，例如用老式皮沙發當電影椅，或特別搬出 70 釐米的膠卷播放老片，若是播放經典的洛基恐怖秀，則會刻意選在半夜舉辦；而參與的影迷們也都會精心打扮赴約，彷彿走進某個時空凝結的特別場景，觀眾也成了電影中的一份子；有些電影還會搭配 Sing-along（團體合唱）活動，全場影迷大合唱電影的經典主題曲，再群起鼓掌歡呼，這是別的地方很難感受到的特別觀影經驗。此外，這裡也會播放剛下檔的強片，有點像台灣的二輪戲院。

7

在倫敦旅遊最棒的體驗之一就是，前一小時還置身在繁忙熱鬧的商業中心，下一刻便能倘佯在綠意盎然的偌大幽靜空間，Hampstead Heath 就是這樣一塊北倫敦人心目中的瑰寶，雖然名義上還是公園，但其實已經像是出了都市的大森林，同時也是倫敦除了市中心高樓外少數幾個制高點之一，能俯瞰美麗的大倫敦景色。

Hampstead Heath 中有靜謐不受打擾的大自然風光，也有知名的 Kenwood House 博物館，開放大眾免費參觀 Lord Mansfield（曼斯菲爾德伯爵）的豪華英式大宅，除了可看到華麗的室內設計裝潢，更能一覽許多伯爵收藏的古典藝術品。夏天一到，倫敦的全民活動就是曬太陽野餐，不過更特別的是，因為有開放露天游泳的自然池塘（分成男池、女池和男女混合池），能一睹許多年輕男女游泳、曬日光浴享受大自然，是大都市裡的特別景色。

Yolanda Y. Liou：
「因為離家很近，我每天都會帶狗女兒去散步，享受即使居住在城市裡也唾手可得的自然風光。」

必去理由

風景優美，距離市區只要半小時不到的車程，與市中心幾個著名大公園的感覺很不同。夏天一到，公園周邊廣場上也會舉辦許多活動，附近酒吧也有露天 **Live** 表演。

All ©Tzu Yu Liu

©Tzu Yu Liu

倫敦創意音樂場域

前衛x 電子x 搖滾

CAFÉ OTO
東倫敦前衛實驗音樂基地

1

18-22 Ashwin Street, Dalston, London E8 3Dl
https://www.cafeoto.co.uk/

紀柏豪：
「英國人聽的音樂類型，即使是主流也沒那麼主流，所以接受度較廣。很多玩實驗樂團的人會去聽，一般大眾也會去聽，是台灣缺乏的音樂場域。很推薦大家打開心胸去嘗鮮。」

白天是咖啡廳，提供波斯風格的菜單及手工蛋糕，晚上則搖身一變成為倫敦非常具代表性的實驗音樂表演場地，一週七天每天晚上都有不同現場演出，有電子的實驗音樂，也有原音樂器的樂手直接演出的 Free Jazz。Café OTO 是東倫敦的新銳音樂之家，挖掘許多非主流的才華音樂人，前衛的音樂風格是其特色，有完整的倫敦地下音樂系統，表演者的背景也相當多元，有時會出現相當有名氣的實驗音樂人如灰野敬二，而台灣知名地下音樂團體也曾來此演出實驗性十足的噪音音樂，非常推薦想嘗試不同音樂類型的人，來此體驗倫敦開放多元的創意音樂。

必去理由

倫敦實驗音樂很有代表性的場地，每個晚上都有表演，不僅會有很多關注實驗性音樂的倫敦人蒞臨，也有一般觀眾，適合體驗倫敦獨有的多元創意氛圍。

©Dawid Laskowski

2

AMERSHAM ARMS
結合實驗音樂的搖滾英式酒吧

▼388 New Cross Road, London SE14 6TY ▼New Cross 地鐵站
▼http://www.theamershamarms.com/

在英國，有許多英式酒吧會有不定期的 Live 演出，坐落在倫敦知名藝術學院 Goldsmiths 旁的 Amersham Arms，外表是傳統的英式酒吧，裡面卻有間獨立出來的表演空間。特別的是這裡不只有搖滾樂團，有時也會加進實驗性的表演元素，或是與 Goldsmiths 音樂系合作舉行小型實驗音樂演出，以這樣小型規格的場地來說（可容納約 100 多人），Amersham Arms 的音場算不錯，想體驗當地樂團表演，或小型實驗音樂演出，這裡是滿親民的選擇之一。

紀柏豪：
「Sony 第一位以藝術家職位聘請的日裔美籍的電音創作者田中能，會固定在這裡演出。（電子音樂及科技藝術界的佼佼者，當時來台灣表演時驚豔全場）」

必去理由

平常有很多樂團表演，有時也會有實驗活動，有點像Café OTO，不過形式更自由隨性，也可以帶一些半成品去與大家分享。

©Tzu Yu Liu

3

WORKING MAN'S CLUB
隱藏在民宅二樓的LIVE HOUSE

▼42-44 Polland Row, London E2 6NB ▼Bethanl Green 地鐵站
▼http://workersplaytime.net/index.html

必去理由

倫敦眾多Live house 裡滿可愛的一間，隱藏在住宅區裡的民宅二樓，有點像溫馨版的地下社會。

在倫敦各地有許多非常低調的小型表演場地，Working Man's Club 就是個能體驗東倫敦特色音樂氛圍的空間，隱身在民宅二樓，去之前記得先查好想看的表演以免撲空。

©Tzu Yu Liu

ROUNDHOUSE
經典搖滾巨星的發跡地

必去理由
　　倫敦的音樂與戲劇表演重地，設備與空間水準都很高。此外，若加入會員還能使用許多免費資源，像是廣播、動畫的工作坊等，或是只要花**5**英鎊就能看表演，有時甚至是大牌演出。很適合來倫敦留遊學，或有在玩音樂的年輕人（針對**25**歲以下青年有許多教育推廣），可以租練團室、器材、錄音室等，完備的教育推廣連台灣也曾經派團體來考察。

位在知名觀光區 Camden 附近的 Roundhouse，是倫敦最重要的藝文表演場地之一。它著名的圓形尖頂建築，其實最早可追溯至 1847 年，當時建造給 Euston 火車站當作維修車庫，後來因為鐵路運輸進步，車庫不堪使用而廢棄。第二次世界大戰後，倖存的 Roundhouse 被英國劇作家 Arnold Wesker 改建為藝術文化中心 Centre 42，結合戲劇、電影、藝術、音樂等領域，不但打破了藝術疆界，更因為風格前衛，甚至帶有爭議的演出內容而引發話題與關注，例如 1970 年演出的《加爾各答風情畫》（*Oh! Calcutta!*），演員在舞台上赤裸著身體，而被媒體評為情色作品。

©Stuart Leech / Roundhouse

70年代龐克搖滾盛行，包括當時還不紅的搖滾樂隊平克‧佛洛伊德Pink Floyd、艾爾頓‧強（Elton John）、大衛‧鮑伊（David Bowie）、滾石樂團（The Rolling Stones）等經典搖滾巨星，都曾在 Roundhouse 演出。因為建築本身就如同一個大型馬戲團，挑高的空間與圓形構造，更能靈活運用於各種表演形式，像是 2013 年的《極限震撼》（Fuerzabruta），演員都在高空進行表演，觀眾則在台下自由行走甚至與表演者互動。Roundhouse 的成功，不只在倫敦的戲劇與音樂領域，持續扮演舉足輕重的文化傳播角色，更與城市發展並進，帶來藝術的各種創意可能。

©Will Pearson / Roundhouse

5

▶19b Compton Terrace, London, N1 2UN ▶Highbury & Islington 地鐵站
▶http://www.unionchapel.org.uk/

紀柏豪：
「因為教堂裡有管風琴，我曾經參與一個有趣的創作企畫，要跟一個蘇格蘭很厲害的管風琴家合作，用電子原音元素結合管風琴表演。」

必去理由

利用教堂空間做一些特別的音樂嘗試，即使本來是民謠風格，在教堂的環境特色渲染下，會讓原本的演出產生全新氛圍與感受。

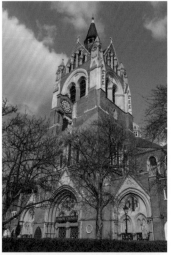

在歐洲有許多令人意想不到的表演場地，每每挖掘新奇有趣的酷地方，彷彿又蒐集到一個寶貴的人生體驗。Union Chapel 就是間貨真價實的哥德式教堂，可以作禮拜、提供弱勢族群諮詢服務，更是一個令人難忘的音樂場所！教堂裡有專門的團隊在經營表演活動，音樂類型多元，不只是樂團，也會有許多不同性質的音樂人前來演出，像是創作才女張懸在倫敦的巡迴表演就選在此地舉辦。

All ©Daniela Sbrisny / Union Chapel

6

▼32-37 Cowper Street, London EC2A 4AP ▼Old Street 地鐵站
▼http://www.xoyo.co.uk/

XOYO
東倫敦前衛電子夜店

紀柏豪：
「XOYO 是滿可愛的場
地，我在那邊聽好多介於
派對音樂、實驗電子與音
樂介面操作的演出。」

必去理由
喜歡派對但不喜歡主流夜店，
想體驗更前衛的東倫敦品味，
在**XOYO**想必能發現些驚喜趣味。

近年來東倫敦非常熱門的夜店和表演場地，每個週末就是
型男潮女朝聖最新 DJ、音樂人齊聚一堂的熱鬧時光，平日
晚上也有樂團或創作人表演。現場共分成三層樓，晚上九
點後才開始營業（千萬別太早去撲空），曲風以電子、浩室
舞曲為主，不過更特別的是，XOYO 找來不同知名 DJ 推出
Residency 駐店節目，每個人負責策畫長達三個月的星期六表演名單，無論是否正好是你喜歡的 DJ 或音樂風格，不妨抱著期待的心情去現場找驚喜樂趣。

©Tzu Yu Liu

7

ARTS ADMIN
新銳藝術的創意基地

▼28 Commercial St, London E1 6AB ▼Algate East 地鐵站
▼http://www.artsadmin.co.uk/

倫敦向來以多元包容的創意能量，擁有源源不絕的年輕創作者為特色，
位在東倫敦的 Arts Admin，就是希望能提供這些新銳藝術家一個空間，
支持表演藝術或跨領域創作（音樂、舞蹈等），總共四層樓、六間工
作室，提供排練或現場表演，
不管是專業或業餘人士都能在
現場交流談天，看看別人在做
什麼有趣的事情，從事音樂相
關工作的人不妨去一樓的咖啡
廳坐坐，聽聽身邊不同藝術家
談天說地。

紀柏豪：
「曾經有一段時間很
常去 Arts Admin 的工作
室，有基本設備可以使
用，現場古色古香。」

必去理由
推薦給對藝術、設
計有興趣的人，可以去
現場看看倫敦的創作者如
何工作交流。

©Tzu Yu Liu

8

HUNDRED YEARS GALLERY
在東倫敦咖啡廳藝廊裡看表演

▰ 13 Pearson Street, London E2 8JD ▰ Hoxton 地鐵站
▰ http://www.hundredyearsgallery.com/

必去理由
提供表演且氣氛很好的可愛藝廊場地。

一樓是咖啡廳，充滿可愛小細節的室內設計風格，也販售些藝術家的小卡片，背景播放著古典交響樂，是個可以邊喝咖啡邊和老闆、音樂負責人聊天的溫馨小空間，走進地下室才是真正的藝廊空間。創辦人 Montse Gallego 之前曾在東倫敦藝文重地 Hoxton Square 開過畫廊，經營 8 年後才創立了非營利畫廊 Hundred Years Gallery，特別的是，這裡不只提供藝術家辦展，也舉辦實驗音樂活動，讓音樂人在四周掛滿畫作的展覽空間演出，也讓觀眾感受音樂結合藝術的另類氣氛，成立短短 4 年，Hundred Years Gallery 已辦過超過 40 個展覽與上百場音樂表演。

All ©Tzu Yu Liu

9

THE FORGE
特色異國風味的音樂餐廳酒吧

是餐廳、酒吧,也是很棒的表演場地,提供很好聽的抒情爵士、拉丁、民謠等,有時也會有人在那唸詩。

必去理由

位在北倫敦 Live Music 的大本營 Camden Town,複合式藝文空間 The Forge 共有兩層樓,提供非常多樣化的現場表演節目,從爵士、拉丁、民謠、靈魂樂,到唸詩、喜劇或兒童活動等。以特色植栽牆裝點的室內設計風格,讓 The Forge 充滿獨特異國魅力,現場氣氛佳,能一邊用餐喝小酒一邊看表演,時常會有許多熱情的觀眾上前跳舞同歡。此外,現場提供的食物菜單更是經過細心設計,像是 2015 年夏天,就從不同的世界音樂表演節目中開發出一系列中南美洲特色餐點,像是古巴三明治、巴西燉肉等,在在看出主辦單位的用心。

©Tzu Yu Liu

10

KRISTINA RECORDS
販賣電子樂的文藝黑膠唱片行

©Tzu Yu Liu

有較多電子樂的唱片行,都是賣相似類型封面設計的唱片,很有特色。

必去理由

一間以販售電子樂為主的黑膠唱片行,因為沒有招牌一不小心就會錯過。店內走明亮極簡的風格,小小一家店,卻陳列數量龐大的黑膠唱片,封面設計充滿濃濃藝文氣息,除了電子樂外,也可以在這找到 Funk 和搖滾等其他類型唱片。

FLASHBACK RECORD
搖滾黑膠唱片迷的大型天堂

11

▼Chalk Farm Rd, London NW1 8EH ▼Camden Town 地鐵站
▼http://www.roundhouse.org.uk/

紀柏豪：
「跟 Rough Trade 的超大型空間比起來，我更喜歡逛剛剛好的 Flashback Record。」

必去理由　店內販售許多搖滾音樂，搖滾迷別錯過。

連鎖的大型黑膠唱片行，明亮寬敞的兩層樓空間，販售唱片與大量黑膠，各類曲風應有盡有，是除了東倫敦知名唱片行 Rough Trade 外，另一個黑膠迷可以挖寶的地方。

All ©Tzu Yu Liu

137

在英國，老與舊永遠和創新並行。
那些以時間堆砌精釀出的經典風味，
是歷久不衰的優雅與美。

4

WALK
IN THE
LONDON
VILLAGES

漫步倫敦
創意聚落

前面提到倫敦的「大」，這章則是要來好好談談倫敦的「小」。

每個倫敦的創意聚落都不大，卻生命力十足，也許是一個熱門的當地市集、一條有名的街，又或是一個擁有錯綜複雜巷弄的小區，特點是它們小歸小，卻一個個反映了倫敦這大城市潛力無窮的多元包容性。

這是另一個體驗倫敦的好方法，建議大家以這些聚落為中心，花時間深度遊走，不放過每個街角可能遇上的人文風景，往往會成為旅程中很難忘的片刻。

MARYLEBONE HIGH STREET

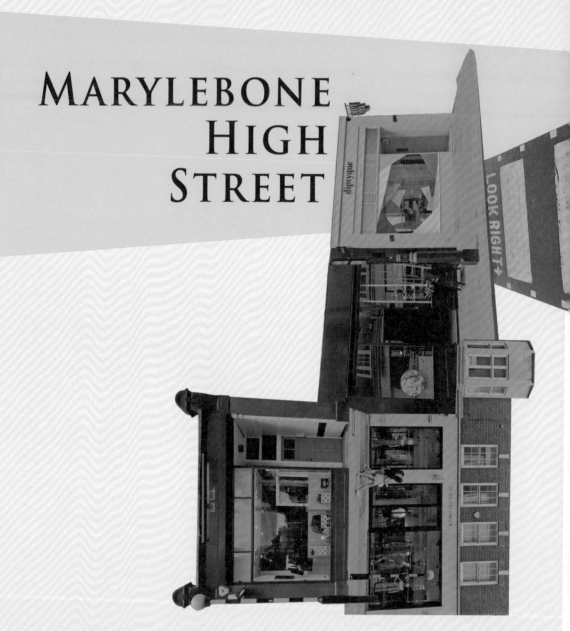

西倫敦個性時尚大道

帶著西倫敦一直以來給人的高貴印象，位在 Marylebone 區域的時尚大道 Marylebone High Street，比起總是給人充滿觀光客擁擠印象的牛津街（Oxford Street），更帶著點迷人風格與獨特個性。從地理位置看來，它被夾在「兩位名人」之間，名偵探福爾摩斯的住所貝克街（Baker Street）與精品大道龐德街（Bond Street），彷彿也同時吸收了時尚和人文氣息。

與先前介紹的其他條特色街道相比，Marylebone High Street 更加包羅萬象，不管你是準備大肆採購一番，還是厭倦大眾品牌的一成不變，這裡總是兼容並蓄、品味突出更重視質感，無論是簡約、時髦還是個性化的中高價位品牌服飾專門店，都能滿足時尚迷的期待。若預算不多，也可以學倫敦人逛逛當地相當受歡迎的慈善商店，從保存良好的二手服飾到生活用品一應俱全，然後你會發現，在倫敦，即使是剛走出高級瓷器店的貴婦太太也同樣愛逛慈善商店，既環保又助人還能撿便宜，何樂而不為。除了服飾，這條街上的家飾用品店也一樣走風格齊全路線，如同百貨商場等級的設計風格家飾店 The Coran Shop、適合送禮的經典英國風瓷器品牌 Emma Bridgewater、北歐低調奢華風的 Skandium、日系極簡風的 Eclectic。即使是不愛購物的人，也能在充滿歷史感的 Daunt Books 書店中享受片刻書香，找到樂趣。

逛街逛累了，Marylebone High Street 提供從傳統到新穎的各式酒吧、咖啡廳、食堂；喜歡下廚（或想省錢）的旅人，不妨在吃完晚餐後，順便從超市和鮮食店鋪帶些食材回家。

DAUNT BOOKS

▼ 83-84 Marylebone High Street W1U 4QW
▼ http://www.dauntbooks.co.uk/

身為倫敦最有價值的書店之一，25 年前在愛德華時代建築中誕生的 Daunt Books，至今仍保有當時古典優雅的歷史感。那年以販售旅遊書起家，如今增添了豐富精緻的文學、非文學選集和其他類別藏書，卻仍為了延續創立時的精神，以不同國家作為區別展示。正因為如此，書店中最不能錯過的，就是位於正中央、長型挑高的復古藏書室，兩旁樓梯向上延伸陳列空間、沉穩內斂的橡木色調，以及盡頭的拱形彩色玻璃窗，都讓人彷彿置身舊時代圖書館的精緻氛圍。爾後 Daunt Books 也持續擴建室內空間，供應的商品更完整齊全（加入童書、食譜、藝術書籍等多樣化選擇），也在與時並進中逐漸沉澱出一股新舊交融的英式文化氛圍，推薦你走一趟親自感受。

書店內最古色古香的藏書區，讓人仿佛置身舊時代的典雅氛圍。

店內一樓附設的咖啡廳空間。

THE CORAN SHOP

▼ 55 Marylebone High Street W1U 5HS
▼ http://www.conranshop.co.uk/

位在 Marylebone High Street 北邊盡頭，樓高三層的 The Coran Shop，坐落在舊馬棚改建的歷史建築中，現代感十足的繽紛招牌與櫥窗，總是讓人很難經過卻不被吸引進門。這裡不但是品牌在倫敦深耕茁壯後的第二家店，創辦人 Terence Conran 也是早期便嗅出此條街發展潛力的先驅者。一進門馬上被琳琅滿目的龐大商品線淹沒，骨董及現代家具、設計小物、藝術書籍、時尚配件、卡片禮品……一應俱全，而這正是這家店的成立初衷，不管你是為了犒賞自己還是挑選禮物，這裡絕對能滿足各種品味需求。

而它的厲害當然不僅止於販售產品，更是展現一種美好生活的態度。利用空間營造氣氛，讓你身歷其境後心甘情願把商品帶回家，像是一樓的 Conran Kitchen 提供美味咖啡、輕食與蛋糕，放眼望去盡是各式食材與廚房用具；頂樓的模擬豪華公寓，提供驚喜豐富的室內設計點子，還有新加入的 Conran Garden，是喜愛戶外活動的倫敦人佈置自家陽台的靈感來源。

NATURAL KITCHEN

▼ 77-78 Marylebone High Street W1U 5JX
▼ http://www.thenaturalkitchen.com/

在有機鮮食遍佈的倫敦，Natural Kitchen 是成功整合有機食品、餐飲與咖啡廳的佼佼者。從每天挑選食材起，供應廠商就得符合創辦人的高標準、道德與公平原則，使得品牌儼然成為消費者吃下肚前的嚴格把關者。店內提供新鮮熟食、高品質肉品、咖啡，甚至有倫敦人熱愛的冷凍優格吧，若想體驗歐洲人崇尚自然的生活態度，來 Natural Kitchen 準沒錯，用完餐還能打包喜愛的食材回家。

店內除了販售各式新鮮食材、乾貨、家飾品，也有咖啡、熱食區與冷凍優格吧讓人能好好坐下來，享受一下倫敦人的樂活態度。

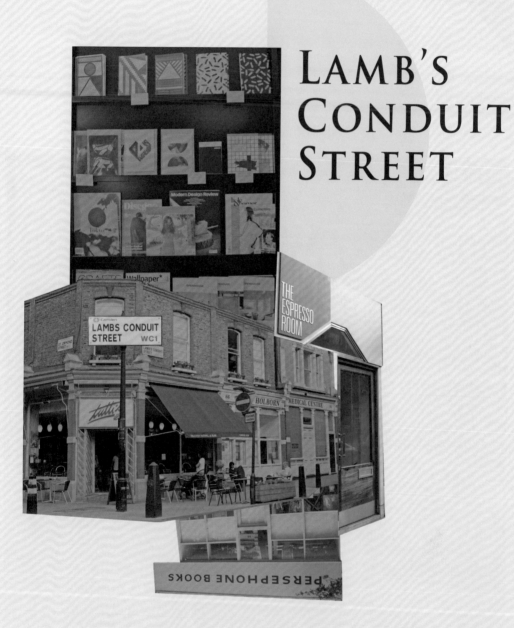

LAMB'S CONDUIT STREET

4-2 鬧區旁的英倫氣質文青小街

在距離市中心 Covent Garden 的不遠處，鄰近觀光客景點大英博物館，有一條鬧區以外的靜謐小道，是倫敦人不特別張揚的休閒去處；這裡是被英國衛報評為最有特色的獨立街道之一，也是我極力推薦可以消磨一下午的好去處。Lamb's Conduit Street 從 19 世紀初開始就是當地住民的貿易集中地，此外，許多為人熟知的名人也居住在此，英國歷史上偉大的兩位作家查爾斯・狄更斯（Charles Dickens）和維吉尼亞・吳爾芙（Virginia Woolf）都曾是這裡的鄰居，更讓 Lamb's Conduit Street 顯得文青味十足。

演變至今，這條街已成為 Bloomsbury 區域裡品味獨特的代名詞，設計服飾（尤其推薦給注重細節與品味的男士）、獨立書店（Persephone Book）、風格家飾、藝廊、某些倫敦人心目中的最佳咖啡廳（Espresso Room）、道地平價的義大利美食（Ciao Bella）等，極盡地利之便卻低調不喧嘩的個性，也凸顯了倫敦總是帶給旅人的驚喜之一：隔條街，就是另一番風景。

GRENSON

40 Lamb's Conduit St WC1N 3LB
http://www.grenson.co.uk/en_gb/

剛走進 Grenson 以為是間非常英倫風的紳士鞋店，細看下才發現，裡面也藏了兩大櫃女鞋，正好是我喜歡的中性低調品味。和酷勁十足的黑人店長一聊，才得知這間從 1866 年就存在的老牌，歷經 10 年轉型，就像其他成功存活下來的英國悠久家族企業般，找到一條適應新時代的出路。從原本的手工訂製男鞋，到如今男女鞋皆售，為了打入年輕市場採用新穎平價的材質與設計（例如融入運動風的輕盈膠製鞋底），徹底翻轉「老」牌形象。

老牌Grenson 成功轉型，推出照片左方的輕盈膠底系列牛津鞋，深受年輕市場喜愛。

SIMON CARTER

▼ 36A Lamb's Conduit Street WC1N 3LD
▼ http://simoncarter.net/

喜歡英倫雅痞打扮的男性應該不會想錯過 Simon Carter。品牌以飾品起家，從胸針、袖扣、手錶到行李箱，當然還有身為英倫男士必備的襯衫和西裝。創辦人 Simon Carter 先生可説是年輕一代英倫風男士的縮影：不刻意誇大，卻在每一個微小細節中追求完美，樹立個人品味。喜歡趣味印花的人，除了平時熟知的 Paul Smith、Ted Baker 外，不妨也逛逛這更小眾卻一樣精緻的選擇。

Simon Carter Marylebone High Street 店景。

DARKROOM

▼ 52 Lamb's Conduit Street WC1N 3LL
▼ https://darkroomlondon.com/

和 Lamb's Conduit Street 有著同樣的低調性格，Darkroom 的黑反而有種讓人想一探究竟的深深吸引力。這裡不只是一間獨立設計商店，販賣各式時尚家飾小物，更是許多年輕設計師的靈感來源，及設計系教授指定學生朝聖的獨特風格典範。從店內引進的設計師商品、品牌自行開發的設計系列，到櫥窗風格和店內陳列，撞色幾何的強烈視覺風格，從低而高、從小而大的商品價位帶，讓人想看緊荷包都難，不如就大快朵頤、好好享受吧！

來到Darkroom，不但商品出色，每每令人驚艷的櫥窗設計，在在展現獨立設計師品牌的個性精神，也是讓人上癮想一逛再逛的原因。

店內以大膽幾何色塊打造鮮明風格的視覺陳列。

THE PEOPLE'S SUPER MARKET

▼ 72-78 Lamb's Conduit Street, WC1N 3LP
▼ http://thepeoplessupermarket.org/

身為「人民的超市」，The People's Super Market 不僅提供高品質食材、公平交易和致力於維護環境，更特別的是這裡採行獨特的會員制度，希望聚集志同道合的人們為社區發展貢獻一己之力，還能得到回饋。怎麼做？一年繳交 25 鎊的會員費，每個月再付出 4 小時的志工服務（零經驗到櫃檯收銀、廚房），就能獲得 8 折商品優惠，企圖創造平等付出與回饋的理想小社會，若有機會經過不妨進去支持一下。

CIAO BELLA

▼ 86-90 Lamb's Conduit Street, WC1N 3LZ
▼ http://www.ciaobellarestaurant.co.uk/index.html

從倫敦當地人口中探聽到這間令人讚不絕口的餐廳，實際造訪後馬上被它道地的義大利口味給收服。以半隻新鮮龍蝦烹煮的茄汁龍蝦義大利麵，平價與不精簡的分量，在市中心足以讓人印象深刻。席間經常可見義大利人成群聚會，前往用餐前別忘了先打電話訂位。

店內最受歡迎的就屬超大份量又新鮮的龍蝦義大利麵/17 英鎊。

EXMOUTH MARKET

在市中心以北靠近大名鼎鼎的國王十字火車站（King's Cross），有一條鮮少為觀光客所知的秘密小道 Exmouth Market，過去在 19 世紀時便一直扮演著地區性繁忙市集中心角色，爾後逐漸沒落。現今的 Exmouth Market，乍看之下幾乎都是餐廳、咖啡廳和酒吧，其實這一切都源自於 1997 年，主廚夫妻 Samuel 和 Samantha Clark 將南地中海餐廳 Moro 帶進這條街後，如吸引力法則般，美食開始源源不絕進駐，也帶動起整條街的再次繁榮。隔壁的姊妹店 Morito，小小一間西班牙酒館總是在用餐時間擠滿絡繹不絕的美食愛好者，更特別的是，整條街充斥著人行道上的戶外座位，像是優雅的法式風情，又帶點度假風的南歐風景，在倫敦市中心是難得一見的獨特人文景緻。

此外，這裡還有書店、文具禮品店、裝潢極有品味的理髮廳，以及一間以藝術風格聞名的刺青店 The Family Business，將刺青當成藝術品繪製的義大利老闆 Mo Coppoletta，曾找來英國鬼才藝術家 Damien Hirst 聯名合作，就可知道這間店的厲害。天氣好時，也可步行至附近的 3 Corners Adventure Playground，享受一下綠地與創意十足的童趣遊樂設施。

Three Corners Centre

3Corners

有許多創意遊樂設施的3 Corners Adventure Playground，
保證大人去也馬上玩心大開。

MORITO

▼ 32 Exmouth Market EC1R 4QE
▼ http://morito.co.uk/index.php

販賣各式特色 Tapas 與美酒的西班牙小酒館，不僅將西班牙料理的傳統美味發揮的淋漓盡致，更在各式新鮮食材上融入更多的創意元素，例如加入日式芝麻醬的炸雞、酥炸如地瓜薯條般，口感卻很清爽的茄子，以及新鮮蔬菜、海鮮與驚奇醬料烹煮的料理，道道精采，合理價格與高品質食物成為近年來許多倫敦老饕的首選。

在Exmouth Market 上隨處可見戶外座位，天氣好時，與三五好友來一杯，邊享用MORITO 香氣四溢的Tapas 西班牙下酒菜，人生一大樂事！

BRILL

▼ 27 Exmouth Market EC1R 4QL
▼ http://exmouth.london/brill/

結合咖啡廳與唱片行，Brill 是每個音樂愛好者都會喜歡待一下午的好所在。這裡的員工不只要煮咖啡，更得花上數小時聽過店內所販賣的唱片並挑選播放，店裡有時是播放所有員工都一致喜愛、時常重複播放的那幾張 CD，偶爾也會來點古典樂或較少人注意的小眾專輯，牆上不定期陳列店內嚴選推薦的音樂，更歡迎客人隨性點歌。下次去到 Brill 享用一杯咖啡加一份烤得外脆內軟貝果的同時，不妨也期待一下耳邊會傳來什麼美好的驚奇發現吧。

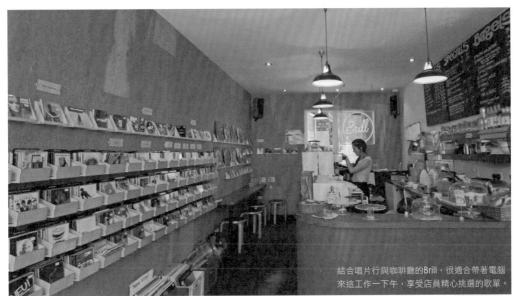

結合唱片行與咖啡廳的Brill，很適合帶著電腦來這工作一下午，享受店員精心挑選的歌單。

FAMILY TREE

▼ 53 Exmouth Market EC1R 4QL
▼ http://www.familytreeshop.co.uk/

在 Exmouth Marekt 上坐落著幾間獨立小店，其中 Family Tree 充滿溫暖色調的櫥窗和招牌映入眼簾，讓人想一探究竟。在倫敦有太多類似的設計師家飾小店，但像 Family Tree 這樣在一條街上開了超過 10 年的應該算少見。如店名「家庭樹」所代表的情感連結，日籍創辦人 Takako 以當地深耕的方式經營店鋪，挖掘地方性的創作者、設計師、藝術家，販賣手作工藝，也強調所有商品的產出必須符合人道精神。甫加入的印花設計師 Jo，為 Family Tree 增添更多原創設計，也讓品牌走向更多樣化的精緻豐富。店裡時常可見一些驚奇的小禮品，像是從骨董市集挖到的復古袖珍童玩、手工飾品、教堂花窗玻璃製成的藝術吊飾等。

擁有甜美外形的印花設計師Jo 親切為我道來
Family Tree 背後的溫馨故事。

店內隨處可見骨董市場挖獵
來的精緻裝飾小物。

日前他們在拉脫維亞旅行中帶回了幾個手繪動
物面具，讓我們得以認識 77 歲的俄籍藝術家奶
奶 Yevgeniya，以混凝紙漿和濃郁色彩創造出各
式生命力十足的精緻商品。詢問過後得知，原來
Yevgeniya 曾在二戰時被關在集中營，重獲自由後
便在拉脫維亞定居至今，因為從小熱愛繪畫卻沒有
錢當藝術家，退休之後才開始做面具並且受到當地
人矚目。Jo 滔滔不絕地敘述旅行中與藝術家的奇妙
邂逅，讓人深刻感受到 Family Tree 中不只販賣
好看的商品，更傳承了商品背後的動人記憶。

俄籍藝術家Yevgeniya 的手繪動物面具。

REDCHURCH
STREET

CAFE–SHOP
– TAKEAWAY

London Borough of Hacknsy
**Redchurch
Street** E2

CHAPTER 4-4

東倫敦時髦藝文人士私房名店街

每每訪談倫敦當地的設計師、藝術家,聊到個人最愛的私房逛街景點,總是會聽到耳熟能詳的 Redchurch Street(紅教堂街),即使東倫敦過去次文化最大的集中地 Shoreditch 近幾年來早已成為全世界風靡的觀光景點,附近的 Brick Lane 和 Spitalfield Market 一到假日便人滿為患,依然不減倫敦人對這條街的喜愛程度。

Redchurch Street 擁有絕佳的地理位置,從 Shoredicth High Street 車站一出來的主要街道對面僅咫尺的距離,卻從來不讓人覺得特別擁擠。這裡有東倫敦自傲的獨特個性氣質,只不過在區域多年發展的穩定茁壯後,反而成為更能兼顧主流與小眾市場的品質保證。論時尚,有極受歡迎的法國簡約時尚品牌 APC、美式個性的 Club Monaco 男士專門店、英式經典學院風品牌 Jack & Wills 姊妹牌 Aubin & Wills、時尚潮流指標的複合式精品店 Hostem、英倫質感休閒老牌 Sunspell、時髦男士的精緻理髮廳 Murdock⋯⋯;論生活,有赫赫有名的生活用品店 Labour and Wait,北歐繽紛家飾品牌 Monologue、地中海風格氣質家具 ELEMENTARY⋯⋯;論饗食,有近年來在倫敦大紅的風格印度菜 Dishoom、講求麵條完全新鮮現做的義式廚房 BURRO e SALVIA、來自紐約的巧克力工廠 Mast Brothers,以及英式自然風味的 Albion(豈止這間純白色調的餐廳是東倫敦文創人士的用餐勝地,樓上來自同集團的設計旅店 Boundary Hotel 更是大有來頭)。

如今 Redchurch Street 已經大大扭轉 10 年前東倫敦給人的頹廢破舊印象,將倫敦人的英式優雅氣質與骨子裡的搞怪前衛性格融合得淋漓盡致。即使如此,巷弄間每隔一段時間變換的牆上塗鴉、街頭巷尾充斥的各類風格型人,仍提醒著旅客,Shoreditch 之於倫敦次文化發展所扮演的重要地位。

HOSTEM

41-43 Redchurch Street E2 7DJ
http://www.hostem.co.uk/

店門外一貫的黑色系低調風格，踏入店內彷彿進入時尚大觀園般的驚喜連連。5 年前複合式精品店 Hostem 甫進駐 Redchurch Street，主流前衛兼具的時尚單品（從知名大牌 Lanvin、Loewe、Raf Simons、COMME DES GARÇONS、Dries Van Noten，到近年紅透半邊天的設計師品牌 Rick Owens）、講究細節設計的裝潢陳列，旋即在當地發展成獨樹一格的風格指標店。

Hostem 創立初期僅有一樓的男裝區，年輕有想法的創辦人 James Brown 來到這條街，買下這間由孟加拉移民經營的舊工廠，並找來如今英國當紅的設計夫妻檔 James Plumb，打造懷舊味十足的昏暗氛圍，細看角落骨董燈具及家飾，處處暗藏絕妙創意玄機（曾奪下 2011 年世界建築獎殊榮）；一年多前加入樓上的女裝系列，更驚喜打造了二、三樓截然不同風格的明亮挑高空間（上樓的轉角因為太低調，還時常被客人誤認為是更衣室）。對於創辦人 James 來說，奢華的購物體驗比任何服裝單品來得重要，若來到此地，一定要親自感受一下時尚與創意完美結合的特色空間。

All @Hostem

Hostem 從開幕之初只有一樓男裝區，近來更擴展至二、三樓的女裝系列，室內陳列隨處可見店主的好品味。

LABOUR AND WAIT

▼ 83 Redchurch Street E2
▼ http://www.labourandwait.co.uk/

提到 Shoreditch 區域的特色小店，販賣極簡風格家用品的 Labour and Wait 一定會在名單上。15 年前創立至今，早已成為倫敦人心中不可取代的生活品牌。在這裡你找不到前衛、搞怪、繽紛的設計，仔細一看，卻處處充滿經典、樸實、高質感的低調品味，時尚圈名言 "Less is more." 用來形容這家店恰到好處，想學習英國人的品味生活態度，不妨從這些小刷子、鍋碗瓢盆、文具小物中，開始欣賞設計為生活所帶來的美好小細節。

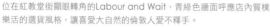

位在紅教堂街顯眼轉角的Labour and Wait，青綠色牆面呼應店內質樸樂活的選貨風格，讓喜愛大自然的倫敦人愛不釋手。

MAST BROTHERS

▼ 19-29 Redchurch Street E2
▼ http://mastbrothers.co.uk/pages/london

2015 年才剛在 Redchurch Street 上開了倫敦第一家專門店，來自紐約的知名巧克力品牌 Mast Brothers 之所以特別，從兄弟黨創辦人把布魯克林巧克力工廠的概念搬來東倫敦，就讓人一定得去朝聖一番。除了堅持製作並販售高品質巧克力，店內還提供每人 10 英鎊的導覽行程（共 30 分鐘），從製作過程解析到試吃多種口味的巧克力，讓你不只享受美味，更實際了解手工巧克力之所以高級，背後投入的秘辛與學問。

Mast Brothers 提供 10 英鎊／人的 30 分鐘導覽行程，巧克力迷不要錯過！

AST BROTHERS IS MAKING CHOCOLATE H

BERMONDSEY STREET

泰晤士河南岸的時髦新據點

你過去可能不曾特別注意泰晤士河南端的這條街,但若提到不遠處大名鼎鼎的蔬果市集波羅市場(Borough Market),大概就不難想見 Bermondsey Street 上充斥著幾間倫敦饕客特別喜愛的異國餐廳(西班牙菜 José Pizarro 和義大利式 Zucca),並且在過去幾年間成為當地人熱愛聚集的文創據點。整條街上不但坐落知名白立方藝廊(White Cube)和時尚織品博物館(Fashion & Textile Museum),還有獨立設計小店、咖啡廳且酒吧林立,週末更可造訪骨董與食物的特色市集;即使只是懶洋洋地學當地人坐在路邊耗一下午時光,觀摩當地人的生活樂趣,也充實滿足。

在Bermondsey Street 旁的廢棄工廠中，到了週六也會有古董市集。

BERMONDSEY 167

▼ 167 Bermondsey Street SE1 3UW

在以餐廳酒吧為名的 Bermondsey 大道上，這間 Bermondsey 167 可說是難得一見結合時尚與風格家飾的一間店。來自愛爾蘭的 Michael 和巴西的 Alexssandro，8 年前合夥創辦了這間店，融合了家飾、服裝、珠寶、骨董等多樣有趣元素。從事服裝設計的 Michael 透露自己曾任職 Burberry、Dunhill 等精品大牌，但夢想一直是在這不到 10 坪大的小空間中，分享自己對時尚與生活的喜好。

店主Michael 和Alexssandro

LONDON GLASSBLOWING

▼ 62-66 Bermondsey Street SE1 3UD
▼ http://www.londonglassblowing.co.uk/index.php

這裡不只是一間展示美麗玻璃製品的挑高藝廊，其特別之處在於，不僅希望你讚歎現場精雕細琢的玻璃藝術品，更要讓你有機會拉張椅子坐下，免費近距離欣賞玻璃藝術家創作的過程。光是現場一覽無遺的製作工具和偌大的工作室，就很值得一看。

London Glassblowing 內除了寬敞挑高展示空間，旁邊就是一間超大的製玻璃工作室。

TIN LID

96 Bermondsey Street SE1 3UB
http://www.tinlidshop.com/

觀察倫敦街頭，你可能會發現一個現象，時尚並非大人的專利，而是從小就融入日常的生活態度！特別是倫敦人熱愛帶小孩上街，因此小孩身上的行頭也理所當然成為每日大事了。

這間可愛精緻的童裝小鋪 TIN LID，從歐洲各地發掘高質感的童裝設計師，不只販售讓媽媽們愛不釋手的美妙設計，更傳達了一種美好的生活態度。從嬰兒的手工針織衣、印花 T 恤、雨衣雨鞋，到「小人版」的公園長椅、腳踏車、加油站等室內陳列裝飾，每一個細節絲毫不馬虎。

逛TIN LID 時才發現，原來童裝設計處處充滿大學問！別小看那些迷你版的風衣外套，剪裁、款式和品質一點都不馬虎，還以為小件的比較便宜，那可就大錯特錯！

週 邊 景 點

週六小街市集
MALTBY STREET
MARKET

自鄰近的 Borough Market 被大批人潮擠滿後,想在倫敦體驗更道地的美食文化,小而巧的 Maltby Street Market 無疑是熱門新選擇,知名法國廚師 St. John 也在這條短短的街上開了麵包店和小酒館,就可見它的美食地位。香濃咖啡、傳統蘇格蘭炸蛋、鮮味生蠔、起司臘肉、比利時鬆餅……攤販的密集度和各類型小吃的高品質,都是讓人想一再造訪的原因,此外,熱愛收藏舊時代產物的人,還能在附近幾間骨董店享受淘寶的樂趣。星期六吃完慵懶的早午餐,就坐在路邊和倫敦人喝杯啤酒,享受午後的悠閒時光吧。

英倫小帥哥販賣各式口味的傳統蘇格蘭蛋。

BRIXTON VILLAGE

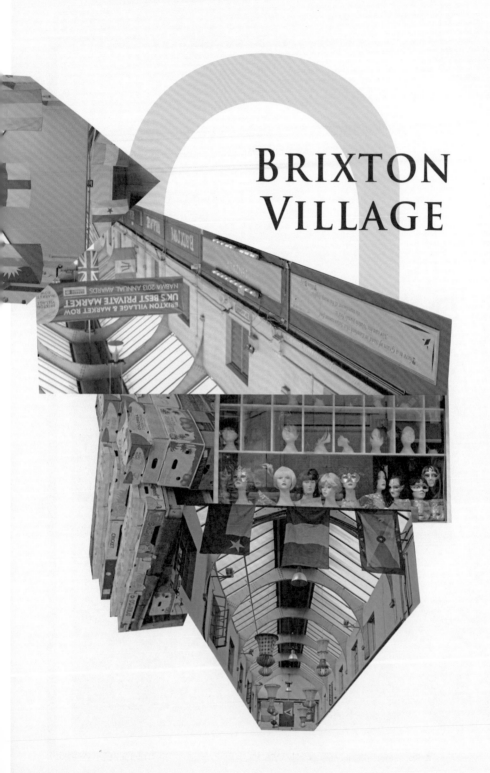

CHAPTER 4-6

南倫敦異國風味拱形迴廊市集

提到南倫敦，一定要介紹很多在倫敦人心中都占有重要地位的文創聚落──Brixton Village Market。從地鐵站走向市場的路上，已經被倫敦其他地方少見的濃濃異國風味包圍，當地居民以加勒比海黑人為最大宗，也許初次造訪的旅人會對眼前風景有些不習慣，但我們絕對推薦大家以開放的心胸及謹慎的態度造訪此地（在倫敦無論是市中心或邊陲，身為外地人都還是得小心注意自身財物）。

若去過台中忠信市場的朋友，也許對這地方更容易想像，這裡是菜市場也是體驗各國文化的寶地。約莫 7、8 年前，Brixton Village Market 的拱形市場經歷衰退期，急須尋找新租客和店家，而這正好為當地藝術家及獨立品牌帶來了一線生機，以低廉的房租成為創業者的發展開端。幾年後，這兩條玻璃天頂覆蓋的挑高迴廊，成為倫敦當地人首屈一指的熱門文創聚點，各式精緻的異國料理餐廳、咖啡廳、獨立小店與市集外的魚販、肉鋪互相呼應，形成極具當地文化特色的獨特風景。

OKAN

在 Brixton Village Market 的所有異國餐廳裡，Okan 絕對是非常受倫敦人歡迎的一間（在當地生活發現，歐洲人實在太喜愛日本料理）。來自日本大阪的創辦人 Moto，將家鄉的街頭小吃帶來倫敦，店內主食只有大阪燒和日式炒麵，加進不同配料（肉、海鮮或素食）和調味，就是最簡單又道地的日本美食。若想嘗試新風味，融合西式風味的麻糬起司大阪燒香濃不膩，更推薦與三五好友一同點上幾道不同口味嘗鮮！

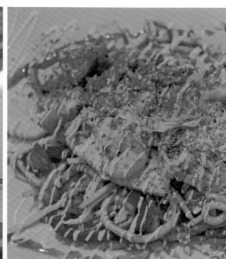

儘管Okan 的菜單上只有大阪燒與炒麵兩種品項可選擇，簡單卻平易近人的美味馬上收服倫敦老饕的心！

SENZALA

▶ 41-42 Coldharbour Lane, London SW9 8PS
▶ http://thgcreative.co.uk/senzala/

內含起司、火腿、太陽蛋、蘆筍的
Asparagus Plus 鹹可麗餅 / 6.9 英鎊。

初次造訪 Brixton Village Market 時，就對其大名鼎鼎的可麗餅餐廳 Senzala 心服口服，菜單上琳琅滿目的口味、甜鹹兼具的貼心，除此之外，這裡最特別的是以巴西口味結合法式點心、以特色辣醬搭配豐富配料的各式可麗餅，心動不如直接動身一試吧！店名 Senzala 意思是 16 世紀到 19 世紀的巴西工人住所，也是現今大部分當地文化的發源地，像是著名巴西傳統食物的黑豆燒肉就來自於此，以 Senzala 命名正是巴西創辦人 Claudia 和 Lee 對於家鄉文化的致意。

在 Brixton Village 用餐，戶外的位置通常比室內更熱門，冬天時店家也會貼心攤上毛毯讓大家禦寒。

CIRCUS

▼ Atlantic Rd, Brixton, London SW9 8PS
▼ http://www.circusbrixton.com/

2010 年進駐 Brixton Village Market 的 Circus，是間充滿驚奇創意的風格生活小店。曾被倫敦觀光指標媒體 Time Out London 評為前百家獨立專門店，在這裡不只可以找到許多適合裝點家中的小物與飾品，更可欣賞來自各國及倫敦當地藝術家、設計師的創意作品。

BROADWAY
MARKET

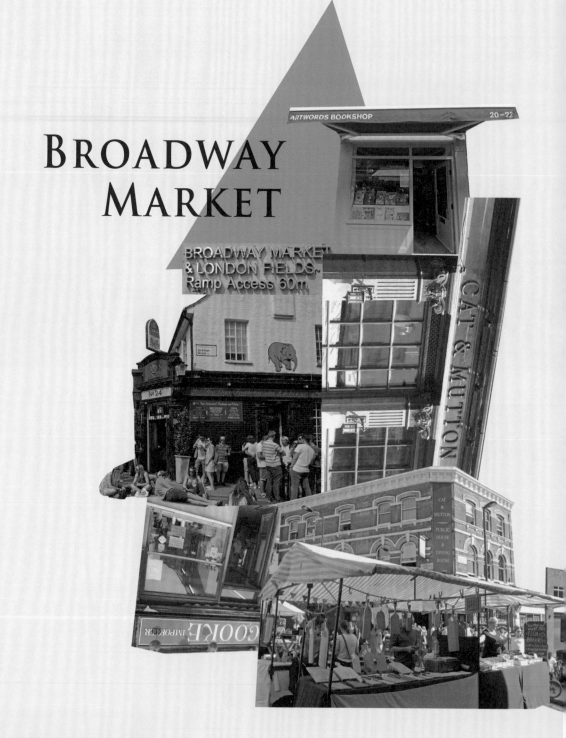

CHAPTER 4-7

極上人文風景的週六運河市集

當紅磚巷（Brick Lane）漸漸被各國觀光客占滿，想在東倫敦尋找一點假日道地的人文味，不妨空出週六整天行程，儘管沉浸在百老匯市集（Broadway Market）所帶來的視覺味覺極致享受。

被攝政運河（Regent's Canal）與東倫敦最受歡迎的綠地 London Fields 前後包夾，百老匯市集擁有得天獨厚的「依山傍水」位置，加上不是太過方便到達的交通，你得坐地鐵再步行 15 分鐘或轉公車。換句話說，這裡是當地人假日放鬆的天堂，吃、喝、逛街、大自然，全在一條街的咫尺距離就能到達，星期六的熱鬧市集，販賣新鮮蔬果、手工麵包、起司、燻肉等食材，同時也是異國美食、獨立設計與骨董商品的大集合；還有著各式養眼風景，像是隨處可見的時尚單車騎士、年輕潮男型女、推著嬰兒車的帥老爸、帶來歡愉樂聲的街頭藝人……相當賞心悅目。

市集兩旁的商店一樣精采，文青咖啡廳 Climpson & Son、有著親切型男店員的海鮮鋪 Fin & Flounder、藝文味十足的獨立書店 Artwords Bookshop、Donlon Books 和自助洗衣店裡的二手拍賣，還有兩間跟著當地歷史變遷仍屹立不搖的老店：從 1600 年代晚期存在至今的古老英式酒吧 Cat & Mutton，和 1900 年起營業，專賣英式傳統食物派餅與馬鈴薯泥的小吃店（帶點日系風味的果凍狀鰻魚是老饕的嘗鮮亮點）。

在我心中，百老匯市集擁有全倫敦最好看的街頭型人風景，去再多次都不會膩。

CLIMPSON
& SON

▼ 67 Broadway Market E8 4PH
▼ http://www.climpsonandsons.com/

深受東倫敦咖啡愛好者推崇的咖啡廳 Climpson & Son，店內不只販
賣香醇咖啡，從 2005 年創立開始，不斷投資更好的專業烘培咖啡豆
器具，就可看出創辦人經營咖啡事業的熱情與心血。買杯咖啡搭配
市集的美味小吃，坐在店門口的長椅上邊吃邊觀察路過的東倫敦潮
男型女，旅行也能感受當地人的假日悠閒樂趣。

小小一間的Clmpson & Son，總會看到許多文青窩在角落（或店門口長椅上）談天喝咖啡。

183

FIN & FLOUNDER

▼ 71 Broadway Market E8 4PH
▼ http://www.finandflounder.co.uk/

你以為新鮮活跳跳的魚只能出現在充滿魚腥味的傳統市場裡嗎？Fin & Flounder 從商品陳列、店員、到設計感十足的招牌馬上讓你改觀，連在櫥窗中欣賞海鮮都能變成生活趣味。別害怕走進店裡與親切的帥哥店員聊上兩句，沒機會回家烹飪也沒關係，店內也貼心提供新鮮熟食，甚至連搭配的酒都幫你想好，倫敦人享受生活的態度，從魚鋪都能窺一二！

走進Fin & Flounder，讓人一瞬間彷彿忘記這裡是漁市場，還以為來到充滿美麗海鮮裝置而成的小藝廊（搭配極好看的英倫型男店員）。

DONLON BOOKS

▼ 75 Broadway Market E8 4PH
▼ http://donlonbooks.com/

曾經在 Donlon Books 發現來自台灣的攝影集《腦神經衰弱》，從此每次造訪 Broadway Market 都會特別走進這間獨立小書店瞧瞧有什麼新鮮貨。2008 年創立，2010 年在此地開業，藝文味十足的風格，從櫥窗裡的精緻創意便能感受到。這裡以挑選販賣各國小眾藝術類別的書籍為主，走進店內彷彿像是一場未知的靈感尋寶探險，更酷的是，Donlon Books 還喜歡幫助讀者找到市面上難以取得的稀有出版物。

沉浸在Donlon Books 的靜謐書香中，耳邊傳來輕音樂，眼角瞥見陽光從櫃檯邊的窗戶灑下，與門外市集的熱鬧鼎盛，形成兩種有趣衝突的氛圍反差。

獨立創意廣場市集
NETIL MARKET

從百老匯市集往 London Fields 方向走去，Netil Market 低調的招牌不是那麼顯眼，可是行家都知道，這隱身在彷彿廢棄停車場中的小天地，真是挖寶的好去處。一進入廣場內，首先是讓人填飽肚子的美食攤販，其中被英國 BBC 美女主廚特別報導的台灣小吃店 BAO，就是從這裡的小小攤位起家（目前 BAO 在蘇活區的專賣店大受倫敦人歡迎）。接著便會看到廣場上兩排並排的市集攤販，有古董、設計品、飾品、唱片等各式各樣的逛街樂趣，更讓人意想不到的是，攤販周遭緊鄰的店家，個個內含驚奇寶藏，像是門口擺滿植栽、充滿異國情調的 Earl of East London，就是由雙人組帥哥老闆 Paul 跟 Niko 打造的精緻小空間，販賣從世界搜集來的古董小物、蠟燭香氛等生活情調，以及把破廢小屋改造成風格眼鏡行的 The Worshipful Little Shop of Spectacles（裡面可找到許多復古年代的厲害鏡框），專賣玻璃器皿盆栽的 Glasshouse，都非常推薦你去把玩品味。

Earl of East London

廣場上的市集攤販

倫敦最讓人難以忘懷的美好，往往是不經意拍下的街邊風景。

COLUMBIA ROAD FLOWER MARKET

COLUMBIA ROAD E.2

CHAPTER

4-8

人人都愛哥倫比亞路星期天花市

若問倫敦當地人最喜愛的假日活動是什麼？很常會聽到這個答案——「哥倫比亞路上的星期天花市！」一開始我總以為，可能是因為倫敦人很愛園藝，所以特別愛逛花市，嗯，這絕對是其中一項原因。不過實際走過花市的人就會知道，它遠比你想像的更令人興奮，許多東倫敦型男會手捧盆栽或隨性抱著一束花，和情人慢慢散步回家，都是這裡最美麗的風景之一！（畢竟在台灣能看到這景象的機會不多）

每到週日，來這裡買花是東倫敦人早上的第一件大事。即使現在已經有許多觀光客慕名而來，依然不減當地人對這裡的喜愛。買花、吃早午餐、和三五好友喝啤酒聚會、逛旁邊的骨董市集和小店，或只是散步來此買一杯好喝的咖啡，基本上不用刻意設定任何行程，都可以在這裡找到樂趣。早期的花市因為當地大量的猶太居民而興起，當時家家戶戶都有個小花園，所以吹著口哨的攤販老闆在此搭棚賣花，直到今天，Columbia Road Flower Market 最有趣的人文特色依然是操著濃厚英國腔（剛開始可能會聽不習慣）的大叔和小哥喧嘩叫賣，時而開彼此玩笑，接近收攤時更會賣力促銷（甚至可買到三束 5 英鎊這種划算的價格），此情此景彷彿延續了過去市集的榮景，只是換了個時空。

另外，可別因為走完擁擠的人潮而錯過花市攤販兩旁的商店，那是除了買花之外的另一件大事，文具店、骨董家具、園藝用品、家飾雜貨店、童裝服飾、藝廊應有盡有，是想要體驗不同購物樂趣的熱門地標。乍看之下，路途不長的 Columbia Road，實際走起來可是需要花上不少時間，甜食控應該很難不被知名蛋糕店 Lily Vanilli 給吸引，此外，西班牙小酒館 Laxeiro 門外總是有排隊等候的人潮……三言兩語很難一一介紹完，不如趕快起身出發吧！

CHOOSING KEEPING

▼ 128 Columbia Rd, London E2 7RG
▼ http://choosingkeeping.com/

從門面到店內陳列，都可以感覺到此間文具店的精緻品味，Choosing Keeping 是東倫敦文青喜愛的獨立小店之一，小巧的空間搭配店家精心挑選的各國文具，大部分以手工和小眾品牌為主。這間店的宗旨在於，不只是賣外面難找的獨特商品，更要支持那些努力維持高品質生產，不屈服於大眾消費文化的小公司。光是看來素雅的筆記本背後都是大有來頭，在這裡也能找到許多經典文具，是許多人童年曾經共有的記憶。店主認為，這些讓文創工作者得以創作的重要工具，更能激發靈感與創意。

©Liz Seabrook / Choosing Keeping

在文具控的眼中，Choosing Keeping 絕對是麻雀雖小、五臟俱全的文具店代表。

RYANTOWN

▼ 126 Columbia Road, London E2 7RG
▼ http://robryanstudio.com/ryantown/

出生於賽普勒斯的英國藝術家 Rob Ryan，自倫敦皇家藝術學院畢業後就專精於版畫設計，並且將創作運用在陶器、布料、家飾甚至珠寶飾品，位在 Columbia Road 的 Ryantown 是他在倫敦唯一一家專賣店。以獨特的剪紙風格聞名，作品曾登上《ELLE》與《時代雜誌》封面，更與《VOGUE》和時尚設計師 Paul Smith 跨界合作，在 Ryantown 中，可以一次飽覽他的手工魅力。

精緻剪紙風格的各式周邊商品，搭配恰到好處的溫暖文字，讓人初次造訪就深深愛上！

THE PORTUGUESE LOVE AFFAIR

▼ 142 Columbia Road, London E2 7RG
▼ http://www.aportugueseloveaffair.co.uk/

從店名就知道，這是一間販賣 Made in Portugal 的獨立小店。店主 Dina 和 Olga 是從小在葡萄牙長大的好友，出於好奇之下問了她們為什麼想來倫敦開一間葡萄牙小店？理由也很簡單，葡萄牙的傳統工藝品和設計師品牌真的很值得被發揚光大！一走進店裡，光是映入眼簾的繽紛色彩與大膽拼接印花，就大大滿足了視覺，細細品味店內琳琅滿目的商品，有美妝（肥皂、牙膏、男士理容組）、居家用具（香氛、蠟燭、陶器）、文具、復古童玩等，還有葡萄牙最負盛名的多種食材，例如去當地旅遊必買的橄欖油，和各種設計感十足、包裝可愛的魚罐頭等，送禮自用都非常適合，小小一間店就足以讓人逗留很久（太多想買了！）。還沒機會去葡萄牙旅遊沒關係，不妨先走一趟 The Portuguese Love Affair！

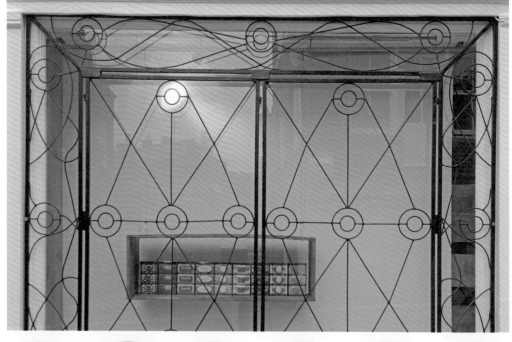

All ©A Portuguese Love Affair

還沒去過葡萄牙沒關係，來Columbia Road 最道地的葡式風景就近在眼前！

花市最著名的風景之一，
就是各式各樣在攤位叫賣的老闆們，
從小鮮肉到鬍子大叔，個個有型。

逛完花市旁的小巷弄，總會有才華洋溢的表演團體輪番上陣在街頭娛樂大眾。

INSPIRED
BY FOUR
SEASONS

季節限定
的文創行程

第一次來到英國度過以年計算的旅居生活,感受
倫敦的四季變換,對於過去很習慣台灣四季如春
的我來說,箇中滋味實在難忘。因為四季的風景
變化太快,自然而然演變出不同的人文活動,值
得旅人細細品味。倫敦每年會舉辦各式各樣不同
規模的大小活動,種類繁雜、數量更是可觀,尤其
是一到夏天,幾乎天天都有好幾場活動同時在城
市各角落上演,好處是選擇多,壞處是一不勤勞蒐
集最新情報就會錯過,就算是長期居住在倫敦的
人也需要花不少時間理清脈絡。為了避免大家和
我一樣時常面臨「沒去到」的哀號,於是一口氣為
大家整理了一年之中倫敦的精采活動,其中包含
許多全球矚目的文創盛事。若有機會造訪這個城
市,不妨為旅程增添可看性。

南岸藝術中心(Southbank Centre)

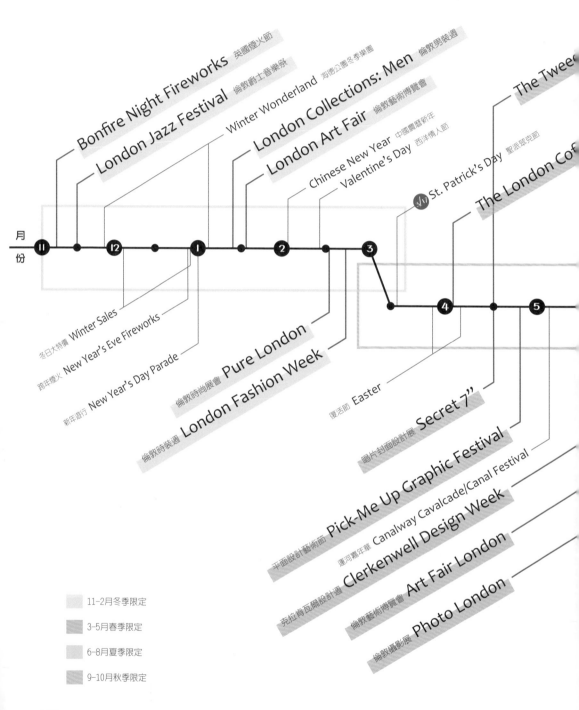

Bonfire Night Fireworks 英國煙火節
London Jazz Festival 倫敦爵士音樂祭
Winter Wonderland 海德公園冬季樂園
London Collections: Men 倫敦男裝週
London Art Fair 倫敦藝術博覽會
The Tweer
Chinese New Year 中國農曆新年
Valentine's Day 西洋情人節
St. Patrick's Day 聖派翠克節
The London Cof

月
份

冬日大特價 Winter Sales
跨年煙火 New Year's Eve Fireworks
新年遊行 New Year's Day Parade
倫敦時尚展會 Pure London
倫敦時裝週 London Fashion Week
復活節 Easter
唱片封面設計展 Secret 7"
平面設計藝術節 Pick-Me Up Graphic Festival
運河嘉年華 Canalway Cavalcade/Canal Festival
克拉肯瓦爾設計週 Clerkenwell Design Week
倫敦藝術博覽會 Art Fair London
倫敦攝影展 Photo London

11-2月冬季限定
3-5月春季限定
6-8月夏季限定
9-10月秋季限定

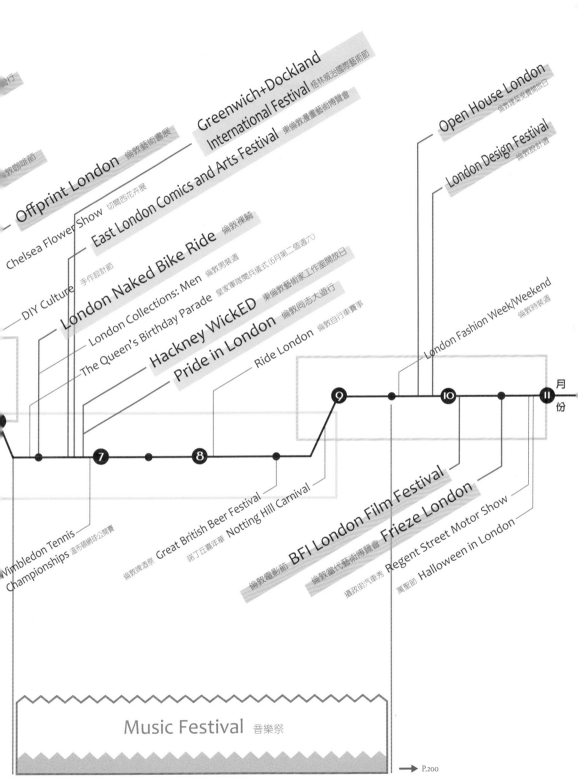

Offprint London 倫敦藝術書展

Greenwich+Dockland International Festival 格林威治國際藝術節

East London Comics and Arts Festival 東倫敦漫畫藝術博覽會

Open House London 倫敦建築免費開放日

London Design Festival 倫敦設計週

Chelsea Flower Show 切爾西花卉展

DIY Culture 手作設計節

London Naked Bike Ride 倫敦裸騎

London Collections: Men 倫敦男裝週

The Queen's Birthday Parade 皇家軍隊閱兵儀式(6月第二個週六)

Hackney WickED 東倫敦藝術家工作室開放日

Pride in London 倫敦同志大遊行

Ride London 倫敦自行車賽事

London Fashion Week/Weekend 倫敦時裝週

倫敦咖啡節

行

月份

9　10　11

7　8

Wimbledon Tennis Championships 溫布頓網球公開賽

Great British Beer Festival 倫敦啤酒祭

Notting Hill Carnival 諾丁丘嘉年華

BFI London Film Festival 倫敦電影節

Frieze London 倫敦當代藝術博覽會

Regent Street Motor Show 攝政街汽車秀

Halloween in London 萬聖節

Music Festival 音樂祭

→ P.200

當 季 限 定 藝 文 活 動

Nov-Feb

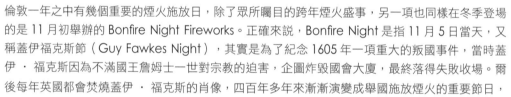

Bonfire Night Fireworks

英國煙火節

倫敦一年之中有幾個重要的煙火施放日，除了眾所矚目的跨年煙火盛事，另一項也同樣在冬季登場的是 11 月初舉辦的 Bonfire Night Fireworks。正確來說，Bonfire Night 是指 11 月 5 日當天，又稱蓋伊福克斯節（Guy Fawkes Night），其實是為了紀念 1605 年一項重大的叛國事件，當時蓋伊·福克斯因為不滿國王詹姆士一世對宗教的迫害，企圖炸毀國會大廈，最終落得失敗收場。爾後每年英國都會焚燒蓋伊·福克斯的肖像，四百年多年來漸漸演變成舉國施放煙火的重要節日，

儘管如此，英國人並沒有因此忘記背後的深遠意義，像是電影《V怪客》的故事正是取材於此事件，約翰藍儂（John Lennon）也曾寫過一首〈Remember〉，在歌曲最後吟唱著名詩句 "Remember, remember the 5th of November"，都足以說明英國人對於保存歷史文化的不遺餘力。

Time：11 月初

London Jazz Festival

倫敦爵士音樂祭

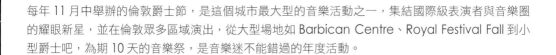

每年11月中舉辦的倫敦爵士節，是這個城市最大型的音樂活動之一，集結國際級表演者與音樂圈的耀眼新星，並在倫敦眾多區域演出，從大型場地如 Barbican Centre、Royal Festival Fall 到小型爵士吧，為期10天的音樂祭，是音樂迷不能錯過的年度活動。

Time：11月中旬（為期10天）
Price：視表演而定，從免費到幾十英鎊不等
Tickets：http://www.efglondonjazzfestival.org.uk/

Steve Gadd © London Jazz Festival

London Art Fair

倫敦藝術博覽會

堪稱英國最大，創辦超過20年的老字號當代藝術盛會。除了展出相當質量的作品外，並推出兩個重點項目「Art Projects」（藝術計畫）與「Photo 50」，前者提供新銳藝術家展演機會，後者則依據每年策展主題，邀請攝影家們展出與主題相關的50件攝影作品。

Time：1月中下旬（為期4天）
Price：單日票價20英鎊，有提供多日套票和早鳥優惠
Tickets：http://www.londonartfair.co.uk/

London Collections:Men

倫敦男裝週

身為男士時尚的起源地,倫敦男裝周自 2012 年舉辦開始,至今已成為倫敦時裝週前的精采前哨戰,2016 春夏男裝週已累積 77 位優秀設計師發表新作,更有越來越多國際大品牌選擇倫敦為舞台發表男裝系列。每年 1 月中與 6 月中在市中心的 Holborn 區域舉辦,即使沒有邀請函入場,也值得在場外欣賞時尚達人、型男模特兒趕秀的帥氣身影。

Time:1 月中和 6 月中(為期 4 天)
Info:http://www.londoncollections.co.uk/

想一次飽覽各式英倫型男,別錯過倫敦男裝週街頭。

London Fashion Week

倫敦時裝週

每年 2 月與 9 月舉辦的倫敦時裝週,可謂是全球四大時裝週中最具前衛個性特色的時尚盛事。自 2009 年起以倫敦著名的薩默賽特宮(Somerset House)為主場地舉辦大型服裝秀,現場更可見來自世界各地的攝影師、時尚媒體、部落客等齊聚一堂,爭奇鬥艷的場外街頭宛如精采的時尚嘉年華會,即使須持邀請函才能入場,仍吸引大批攝影愛好者、時尚迷與設計系學生在場外朝聖拍照。2016 春夏場地首度移師市中心的 Soho 舉辦。

Time:2 月及 9 月中下旬(為期 5 天)
Info:http://www.londonfashionweek.co.uk/

倫敦時裝週可說是四大時裝週中最爭奇鬥艷的時尚風景。

MOSCHINO SS15 Menswear Show

London Fashion Weekend

倫敦時裝週會外秀

沒有 London Fashion Week 邀請函沒關係，緊接著時裝週後的 London Fashion Weekend，提供時尚迷能購票進場的機會，親身體驗 Fashion Show、時尚講座，並且近距離欣賞來自全球設計師品牌的最新時尚趨勢。

Time：2 月及 9 月中下旬
Price：從 20 英鎊起跳
Tickets：http://www.londonfashionweekend.co.uk/tickets/tickets

Pure London

倫敦時尚展會

除了每年兩季的時裝週外，若想尋找更多的商業資源與人脈，倫敦最大的時尚商展 Pure London 或許是不錯的選擇，能提供時尚經營者來自全球不同的業界經驗與聯結，更可直接在現場下單購買，特別適合創業者和中小型商店，Pure London 每年也會不斷增加潛力新銳品牌，提供最前線的時尚趨勢，只要你以公司行號或學生名義申請就能免費入場。

Time：2 月中（為期 3 天）
Info：http://www.purelondon.com/Content/Welcome

3 〜〜〜 5
Mar-May

春 季限定

London Coffee Festival
倫敦咖啡節

一年一度的倫敦咖啡節,是美食愛好者與愛咖啡之人不能錯過的大型活動,在東倫敦 Brick Lane 的著名建築 Old Truman's Brewery 舉辦。超過 250 家精緻咖啡工藝與美食攤位,分時段售票,可在 3 小時內盡情試喝咖啡與享用美食,現場也有工坊、音樂表演、展覽、時尚攤位等有趣活動讓參加者玩得盡興。

Time:4 月上旬(為期4 天)
Price:每個時段從14.5 英鎊起跳
Tickets:http://www.londoncoffeefestival.com/home.aspx

The Tweed Run
復古騎行

倫敦有許多大型街頭運動盛事,Tweed Run 絕對是其中最有型的一個!穿上你最愛的舊時代裝扮(貝蕾帽、紳士西裝、領結……),跨上裝著菜籃的淑女車或復古變速單車,用最經典優雅的英倫時尚 look 現身街頭,一同騎過市中心知名地標景點,最後再來場復古野餐。強烈推薦給喜歡復古時尚的人們,須事先購票,若不想花錢,去現場拍張照留念也很值得。

Time:4 月中
Price:25 英鎊
Tickets:https://tweedrun.squarespace.com/tickets/

Secret 7"

唱片封面設計展

結合音樂與設計的免費展覽 SECRET 7"，以七位知名音樂人的專輯出發，找來世界各地才華洋溢的創作者設計七百張不同版本的專輯封面展出，每張最後會以 50 英鎊售出（所得全數捐給以音樂療法治療孩童機構），最有趣的是，你不會知道哪張封面是為了哪張專輯而製作，直到你掏錢買下它。

Time：4 月中到 5 月初
Info：http://secret-7.com/

Secret 7" 展出以唱片封面設計為主，是平面設計愛好者的天堂！

Pick-Me Up Graphic Festival

平面設計藝術節

已經舉辦了 6 年的 Pick-Me Up，可說是平面設計愛好者的天堂。為期 12 天的精采展覽中，除了有插畫設計展覽，現場也每日舉辦不同的藝術家座談、工坊等活動，集結眾多藝術家與設計師於一堂，充滿創意與年輕活力。

Time：4 月底到 5 月初（為期約 2 週）
Price：單日票價 10 英鎊，另有售套票
Tickets：https://www.facebook.com/pickmeupfestival

Clerkenwell Design Week

克拉肯瓦爾設計週

倫敦一年一度文創重頭戲的 Clerkenwell 設計週，以集結建築、家飾設計展出為主，結合全世界上百家頂尖設計品牌與工作室，是將設計融入生活周遭每個角落的最佳典範，最棒的是任何人都能申請免費入場。

Time：5 月中下旬
Info：http://www.clerkenwelldesignweek.com/

2015 年Clerkenwell Design Week 的其中一個展場，前身是1780 年落成的法院大樓，當各式設計師傢俱擺上，形成古典與現代融合的衝突美感。

Art Fair London

倫敦藝術博覽會

自 2012 年成立的年度藝術活動，以當代藝術為主軸的 Art Fair London 藝術博覽會，在主流藝術市場中引領出一股清新氣息。匯集了來自多個國家的藝術作品，如果你喜歡較少見來自非洲、中東或東歐的新興藝術，可別錯過這個春季藝博會。

Time：5 月中下旬
Price：15 英鎊
tickets：http://www.artfairslondon.com/

Art 15

Photo London

倫敦攝影展

集結全世界最精采的攝影作品，在倫敦
Somerset House 舉辦一年一度的攝影大展。
無論是熱愛攝影和藝術的人一定得去朝聖，享
受來自世界各地美好風景與藝術。在拿起智慧
型手機就可隨處拍的時代，傳統攝影所帶來的
永恆片刻無可取代。

Time：5 月中下旬
Price：當日票價20 英鎊，另有售套票
Tickets：http://photolondon.org/

薩默塞特宮 (Somerset House)

Offprint London

倫敦藝術書展

Offprint London 是藝術出版界的年度大事，與倫敦泰德現代美術館合辦，光是場地選在美術館裡
氣勢萬千的挑高大廳，就可知道規模的盛大。展出範疇包括書籍、攝影集、海報、印刷品、Zines（獨
立出版小書）和雜誌等，參展攤位以歐美和日本藝術出版商為最大宗，藝術大師（如日本天才攝影
師荒木經惟）的絕版刊物和精裝書更是價格不菲，吸引許多資深藏家到場挖寶，活動免費入場。

Time：5 月下旬
Info：http://offprintlondon.com/

Offprint London 每年在泰德美術館大廳熱鬧舉行。

Offprint London 2015

6 Jun-Aug 8 夏 季限定

London Naked Bike Ride
倫敦裸騎

為了提高民眾的環保意識，及呼應大家注重自行車騎士的道路安危，一年一度的倫敦裸騎活動不只很有「看頭」，更是倫敦人表達個人意見的重要管道。參與者須遵守主辦單位的規則，先在起點集合再一起脫光光出發，每年都吸引大批民眾到各行經地點搶拍畫面。我們最推薦在大笨鐘旁的 Westminster Bridge 取景，去之前記得先行查詢時間並提早卡位，同時在拍攝之餘還是要注意道路安全（時常會有大批民眾直接占據馬路而導致騎士無法通過的危險行徑）。

Time：6 月中
Info：http://wiki.worldnakedbikeride.org/wiki/
　　　Londonhome.aspx

East London Comics and Arts Festival

東倫敦漫畫藝術博覽會

喜歡手繪風格的人，東倫敦漫畫博覽會 East London Comic Arts Festival（ELCAF）會讓你興奮得移不開目光。來自歐洲各國的作者齊聚一堂，有些已經是出版社的暢銷著作，其餘大部分則來自獨立出版。不只有作品販賣交流，現場也會舉辦藝術展覽與座談會，活動充滿讓人看了會心一笑的幽默創意。

Time：6 月中下旬
Price：當日活動票價 3 英鎊，兩日 5 英鎊，另售不同講座與活動門票
Tickets：http://www.elcaf.co.uk/

ELCAF 2015

Hackney WickED

東倫敦藝術家工作室開放日

每年 6 月底的東倫敦藝術盛會，就舉行在許多藝術家居住的 Hackney 區域。集結不同工作室、藝廊、餐廳、與藝文場地，是一次飽覽新銳藝術創意的大好機會。

Time：6 月下旬
Info：https://www.facebook.com/hackneywicked?fref=ts

Greenwich+Docklands International Festival

格林威治國際藝術節

一年比一年盛大的格林威治暨船塢區國際藝術節 (GDIF)，是充滿創新形態的戶外表演藝術派對。舉凡戲劇、舞蹈、藝術等街頭表演，讓民眾能隨時走近觀賞。共 10 天的表演期，地點遍佈東南倫敦，像是著名的格林威治村和碼頭金融區等，甚至是更往南的藝術家棲息地，透過親民的免費街頭表演，在這些獨立表演團體中找到對藝術的純粹熱情。

Time：6 月下旬到7 月初
Info：http://www.festival.org/

Pride in London

倫敦同志大遊行

同志大遊行是倫敦最受歡迎的大型街頭嘉年華之一，除了有來自社會各企業組織的同志們齊聚走上街頭 (許多爺爺奶奶同志的組合總是讓人倍感溫馨)，搶眼的服裝造型加上熱鬧音樂更是活動亮點，每年都吸引大批民眾圍觀支持。

Time：6 月底
Info：http://prideinlondon.org/

MUSIC FESTIVAL

Field Day 2015

6-10 月音樂祭時間表

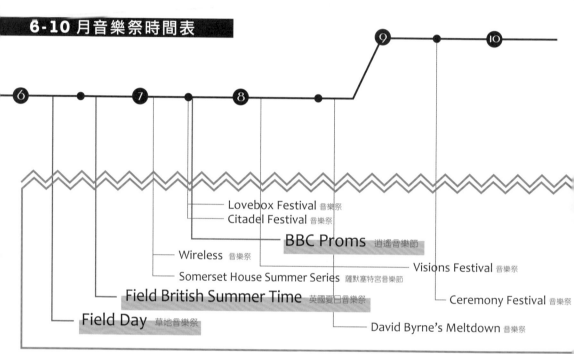

6　　　　7　　　　8　　　　9　10

Lovebox Festival 音樂祭
Citadel Festival 音樂祭
BBC Proms 逍遙音樂節
Wireless 音樂祭
Somerset House Summer Series 薩默塞特宮音樂節
Visions Festival 音樂祭
Field British Summer Time 英國夏日音樂祭
Ceremony Festival 音樂祭
Field Day 草地音樂祭
David Byrne's Meltdown 音樂祭

英國身為世界著名的大型音樂活動舉辦國，品質保證的大型音樂祭通常票價不便宜，也散落在較偏遠的郊區或深山中，對於遊客來說較不方便抵達。最經典的野地音樂節 Glastonbury Festival，從 1970 年舉辦至今，每年入場票總在短短幾小時內完售，所有你想得到的大牌樂團與歌手都曾經在 Glastonbury 中演出，不只對音樂人來說是夢寐以求的表演，對樂迷來說，更是一票難求的音樂狂熱朝聖地。在這樣悠久音樂祭文化的薰陶下，倫敦的夏日活動中，總是充斥著大大小小琳琅滿目的音樂盛事，從公園、街頭到大型表演場地，甚至結合藝術、戲劇與特色活動，是夏天造訪倫敦不能錯過的重點行程。若想在倫敦體驗音樂祭文化，建議可根據音樂類型和自己喜愛的表演者選擇適合自己的活動，此外我們也列出幾個倫敦以外的重要音樂祭給大家參考。

倫敦必去

Field Day

草地音樂祭

倫敦有不少音樂祭，都市綠地音樂祭 Field Day 是我們年年不想錯過的私心首選。在東倫敦大型綠地公園 Victoria Park（維多利亞公園）舉辦，臨近眾多文青聚集地（London Field、Broadway Market 等），涵蓋多種音樂風格的大小陣容，以非主流歌手、樂團與 DJ，搭配一兩個經典老牌音樂人（Patti Smith、Pixies）的高水準組合呈現，從表演名單到節目安排均豐富多元。對於沒有時間到其他城市參加野地音樂祭，又有預算限制的人，是相當不錯的選擇。

Time：6 月的第一個週末
Price：一天票價約35-50 英鎊，兩天票價約70-85 英鎊，有早鳥優惠
Tickets：http://fielddayfestivals.com/news/

British Summer Time

英國夏日音樂祭

British Summer Time 每年 6 月底在 Hype Park 展開 3 天的熱鬧音樂慶典，可說是倫敦數一數二的大型綜合音樂祭之一，最大特色是每年的黃金演出陣容，來自全球流行樂壇的天王天后級歌手，像是美國國民天后 Taylor Swift、英國搖滾天團 Blur 等。

Time：6 月中下旬
Price：視當年演出藝人而定，大約在30-80 英鎊不等
Tickets：http://www.bst-hydepark.com/

BBC Proms

逍遙音樂節

© Danielle Yen

全球最大的古典音樂節，演出期間長達 8 週。主要舉辦地點為倫敦歷史悠久的文化地標 Royal Albert Hall（皇家亞伯特廳），部分表演則在 Hype Park（海德公園）的大片草地上，搭配煙火施放熱鬧舉行。每年的重頭戲活動 Last Night，演奏多首英國著名愛國歌曲，票券通常在短時間內便銷售一空，喜歡古典音樂或想體驗英國古典音樂文化的人記得提早訂票。

Time：7 月中到9 月中
Price：視表演活動而定，7.5 英鎊到95 英鎊不等
Tickets：http://www.bbc.co.uk/proms

倫敦以外的大型音樂祭

音樂祭	舉辦地點	特色
Latitude	Suffolk	近年頗有名氣，結合音樂、電影、劇場和文學座談，藝文味十足的音樂盛典。
V Festival	每年地點不同	以主流藝人如：Beyoncé、Justin Timberlake 為宣傳主軸的大型音樂表演。
Green Man	Wales	有著民謠、瞪鞋、電子與搖滾等多種音樂類型，從場域規畫到網站設計都可見其童趣與創意，適合喜歡在大自然中擁抱聽覺享受的朋友。
Glastonbury Festival	Pilton, Somerset	至今創立超過 45 年，全球指標性的搖滾音樂節。

Field Day 草地音樂祭

倫敦季節限定藝文活動

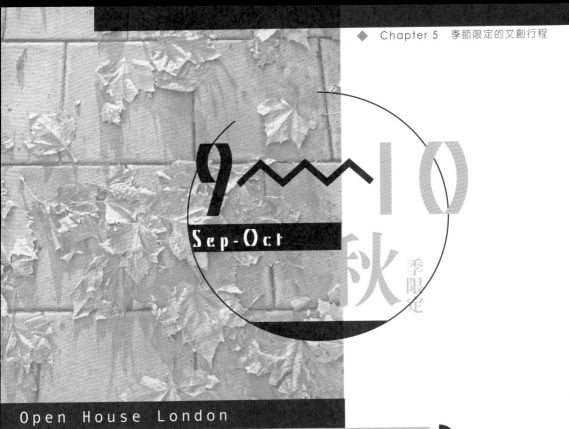

9 〜 10
Sep-Oct
秋 季限定

Open House London

倫敦建築免費開放日

自 1992 年開始舉辦,至今已成為倫敦最大的年度建築設計盛事。兩天的活動當中,會將倫敦許多平時不對外開放的建築,打開大門供民眾入內免費參觀,不僅能讓當地人更瞭解城市的文化發展,也提供旅人一個很好的機會,以不同角度探索現代化的倫敦建築,以及背後動人有趣的歷史故事,因為活動太熱門,須事先上網登記搶名額。

Time:9 月中下旬(為期 2 天)
Info:http://www.openhouselondon.org.uk/index.html

© Open House London

London Design Festival

倫敦設計週

倫敦最重要的年度設計嘉年華，超過 350 個活動及展覽，來自世界各地上百家品牌企業聯合舉辦，其中也包含幾個不同的大型設計展會，如 100%design、designjunction、Tent London 等等。London Design Festival 也結合倫敦重要的文化指標場域 V&A 和 Somerset House 舉辦各式精采活動，為城市帶來 10 天馬不停蹄的滿滿藝文能量。

Time：9 月底
Price：部分活動免費，部分須購票
Info：http://www.londondesignfestival.com/

© London Design Festival

BFI London Film Festival

倫敦電影節

今年已是第 59 屆的倫敦電影節，由 BFI 英國電影協會主辦，是英國最大的公眾電影盛事。每年評選來自全球 50 個國家超過 300 部電影、紀錄片與短片，集合資深與新銳電影創作，挖掘優秀創意的年度作品，推薦影迷們藉此機會大看特看一番！此外，電影節期間也舉辦講座、大師論壇、公眾論壇，還有為了一睹大明星走紅毯擠爆的首映典禮等，讓 10 月的倫敦街頭星光熠熠、熱鬧非凡。

Time：10 月初到中
Info：http://www.bfi.org.uk/lff

Frieze London

倫敦當代藝術博覽會

由知名英國藝術雜誌《Frieze》創辦人，於 2003 年承襲品牌名稱所開辦的 Frieze Art Fair，現今仍為歐洲最重要的藝術博覽會之一。每年在攝政公園（Regent's Park）中特別搭建的臨時建築中舉辦，集結世界各地老牌與新生的當代藝術家，呈現具口碑的豐富藝術品。

Time： 10 月中
Price：當日票價25 英鎊起跳
Tickets：http://friezelondon15.seetickets.com/tour/frieze-london

All © Frieze London

倫敦的春，總用百花齊放、萬物歡騰來宣告。

6

EAT, CREATE, ADORE!

Tramshed

倫敦
創意食堂

來倫敦生活幾年，總是時不時聽到身邊傳來「英國無美食」的謠言，終於有機會替她發聲！其實大家口中的「英國無美食」，多半是拿傳統英國菜（想必許多人腦中只浮現炸魚薯條）和其他國家料理相比，若與法國菜的精雕細琢、義大利菜的濃郁美味、西班牙小菜的香氣四溢，經歷過工業革命曾經以罐頭、燉肉維生的英國，確實顯得黯淡許多（即使到現代，許多當地人仍愛以超市微波食品充飢）。

不過若提到多元文化的倫敦，早在大量外來移民的加持下，成為歐洲數一數二的異國美食城市，印度、韓國、日本、中東、南美洲、地中海、非洲……不管吃過或還沒體驗過的，幾乎都能在這裡得到滿足。更別說近幾年來超夯的自然生機料理，健康、新鮮、原味，還兼具擺盤視覺，在咖啡廳或餐廳都能享受的到；另外，結合各國料理元素的Fusion Cuisine（創意料理）也早已成為都市人熱門的嚐鮮選擇。最後還是要補充，倫敦人的日常生活中，酒吧和咖啡廳是相當重要的美食場域，並且持續在英國近代飲食文化中扮演不可或缺的一部分。

下次來到倫敦，記得打開心胸和胃，準備迎接精采的美食饗宴！

特色餐廳

在準備開始體驗倫敦美食前，要先和大家說明一些基本概念：
一般來說倫敦餐廳非常基本的消費金額為 10 英鎊／人起跳，大多數餐廳會加上 12.5% 的服務費。這裡說的餐廳是指需要坐下來，有服務生在桌邊服務。換句話說，若想嘗試特別的餐廳，無論是菜色新穎、裝潢特別或名氣響亮，只要是會讓你吃完印象深刻的創意餐廳，搭配飲料酒類，價格大概會從 20 ～ 30 英鎊／人起跳。

為了帶大家更深入倫敦的創意環境，本章將介紹兼具巧思與美味的特色餐廳。體驗當地飲食文化是旅遊非常重要的一環，若不想花了錢卻在旅途中吃到地雷餐廳，事前要做足準備，若你是美食愛好者，希望以下幾家餐廳不僅能滿足你的口慾，也能在飽餐一頓的同時，感受到經營者背後的用心與創意。

CARAVAN

運河旁的早午餐
創意驚喜

- 早午餐約15 英鎊／人
- Granary Building, 1 Granary Square London N1C 4AA
- King's Cross 地鐵站
- http://caravankingscross.co.uk/

比鄰中央聖馬汀學院的 Caravan，是倫敦人假日早午餐的熱門選擇。夏天一到，Granary Square 上的廣場噴泉總是充滿嬉鬧的可愛孩童，旁邊的運河更是坐滿喝啤酒曬太陽的人群，好不悠閒！Caravan 每日從早到晚均供餐，不過倫敦藍帶廚藝學校畢業的主廚好友 Theodore 特別推薦這裡的 Brunch 早午餐，除了價格不貴（一道 10 英鎊內），菜色更是令人驚喜連連，創意十足，像是新鮮南瓜製作的鬆餅、酥烤豬五花搭配泡菜煎餅、海鮮歐姆蛋等等，搭配一杯很有倫敦風格的香濃咖啡，置身在相當有味道的工業風改裝挑高舊穀倉建築中，與三五好友閒聊，是和當地人一起消磨週末午後時光的好去處。

（假日不能訂位建議提早前往）

別出心裁的等位號碼牌：
麵粉一袋。

1	2
3	4
5	

1.泡菜煎餅佐烤五花肉早午餐 / 10 英鎊。 2.西班牙香腸豆泥早午餐 / 8.5 英鎊。 3.水果佐椰香優格沙拉 / 5.5 英鎊。 4.南瓜鬆餅佐胡桃軟起司早午餐 / 8 英鎊。

5.CARAVAN 位在中央聖馬丁學院旁的分店。

STORY DELI

東倫敦義式披薩
秘密基地

● 晚餐約20 英鎊／人
● 123 Bethnal Green Rd, London E2 7DG
● Shoreditch 地鐵站
● http://www.storydeli.com/

沒有招牌，餐廳裝潢家具全白，這裡的菜單很簡單，卻是東倫敦人的私藏口袋名單。留著灰白髮馬尾頭、藝術味十足的老闆總是邊烤披薩兼招呼客人，而且是把你當成自家人寒暄的那種主人。食物如同店面一般簡單，但卻有說不上來的美味且能感受到滿滿的愛，手工現做搭配高溫窯烤（在開放式廚房偷偷觀察老闆製作 pizza 也像極一門藝術），不到幾分鐘，最喜歡的菠菜火腿起司加蛋的義式薄皮披薩就上桌。以價位來說，每人一份 18 英鎊的披薩價格聽起來不算便宜，但你會發現即使如此，仍有忠實顧客不斷上門，就為了那令人回味的簡單自然美味，當然還有店內瀰漫的濃濃人文味，讓人一吃就愛上這裡。

菠菜火腿起司加蛋披薩/18 英鎊。

店內裝潢延續門口的低調風格，以全白為基底。開放式的廚房中，藝術家性格的老闆總是魔術師般的姿態，不到幾分鐘便揮灑出一張張美味到不行的手工義式披薩。

WAHACA SOUTHBANK

泰晤士河沿岸
繽紛貨櫃裡的
墨西哥小吃

● 晚餐約10～20英鎊／人
● Southbank Centre, Belvedere Road London SE1 8XX
● Waterloo 地鐵站
● http://www.wahaca.co.uk/locations/southbank/

倫敦有不少墨西哥菜餐廳，不過 Wahaca 提供的是墨西哥式的街頭料理，雖然有不少家連鎖店，但以菜色和氣氛來說平均水準算是不錯。要特別推薦這間位在泰晤士河南岸 Southbank 用貨櫃改裝的分店，雖是鐵皮屋，但精緻趣味的室內設計細節，色彩繽紛的氛圍搭配河岸風光，讓人心情馬上不自覺雀躍起來。座位不多，若訂不到位也沒關係，不妨在頂樓的酒吧等待，喝喝調酒搭配墨西哥玉米餅，在泰晤士河畔享受一下南美洲隨性自在的生活態度。

Wahaca Southbank 以貨櫃改造成創意十足地用餐空間。

SARASTRO

視覺、聽覺、味覺
一次滿足的復古
劇場饗宴

● 晚間套餐約30英鎊／人
● 126 Drury Lane, TheatreLand, London, WC2B 5SU
● Covent Garden 地鐵站
● http://www.sarastro-restaurant.com/reservations.php

光是看到店外被花草裝飾的澎湃牆面，就讓人蠢蠢欲動想拿起相機，往窗內一看更是讓人難猜透的複雜裝飾風格，別懷疑，這是間充滿濃濃劇場風味的土耳其餐廳。起先是為了店內頗具特色的劇場感裝潢而來，沒想到一吃之下發現美味菜色更讓人出乎意料（原本還因為裝潢太厲害而擔心是否華而不實），一直以來對於土耳其菜的認知，仍停留在路邊的好吃街頭小吃 Kebab（也就是台灣的沙威瑪），原來餐廳的 Set menu 套餐也一樣精采，最令人印象深刻的是前菜澎湃的小點心盤，土耳其式的炸春捲、起司條、沙拉搭配地中海風格醬料，讓人欲罷不能，主菜的各式肉類也都在水準之上。

晚餐時段可選擇兩道菜或三道菜，搭配現場異國風味十足的音樂表演（週一、三、四、五、日有不同演出主題），大約 30～40 英鎊的價格就能擁有多重享受；也可選擇更便宜的午間或 Pre-theatre 套餐（提供去劇院看戲之前的午晚餐）。用餐之餘，別忘了好好參觀一下 Sarastro 最著名的餐廳裝潢，從天方夜譚一千零一夜故事發想，有英式、洛可可、哥德式等不同風格打造的仿劇院用餐包廂，無論你有沒有計畫去附近看場音樂劇，在這都能體驗到濃濃的舊時代劇場風情。因為太熱門，記得一定要訂位！

1.3. 室內設計充滿華麗風格的復古裝飾，二樓仿劇
場式的獨立包廂經常一位難求。 2. 每週五晚上是
SARASTRO 的拉丁之夜，用完餐的賓客紛紛上前與音
樂共舞。

1	
2	3

TRAMSHED

在高級藝廊中品味特色雞與牛料理

● 晚餐約15～20英鎊／人
● 32 Rivington Street, London EC2A 3LX
● Shoreditch 地鐵站
● http://www.chickenandsteak.co.uk/

位在東倫敦時髦地段的 Tramshed，是熱愛藝術的文青必去的酷餐廳。由廠房改建成挑高夾層的室內空間，一進門映入眼簾的正是英國藝術金童 Damien Hirst 的知名標本作品「乳牛與公雞」，正好呼應主廚 Mark Hix 為客人提供的不囉唆菜單：烤雞與牛排。雖然台灣人比較熟悉傑米·奧利佛（Jamie Oliver），不過 Mark Hix 也是主持 BBC 知名料理節目的明星主廚，更特別的是他把對藝術的喜愛搬進自家餐廳，除了隨處可見的玩味藝術品（包括二樓私人訂位區的卡通「雞與牛」大型掛畫），位於餐廳地下室空間的 Cock 'n' Bull Gallery 每個月都會定期舉辦展覽，從默默無聞的新銳藝術家到名聲響亮的大師之作皆有展出。藝廊商店也可販賣畫作、藝術書、服裝珠寶等藝術相關商品，似乎英國名廚們對於跨界發展都頗有一套個人魅力，推薦在倫敦的朋友親自去感受一下美食與藝術的 crossover。

招牌全雞料理上菜時的樣子總讓第一次光顧的客人驚呼連連，也有專人在桌邊為大家服務分食。

1. 藝術金童Damien Hisrt 備受爭議的
動物標本系列作品,就矗立在餐廳內
顯眼的挑高空間。 2. 二樓牆上也掛著
卡通《雞與牛》大型畫作。3. 地下室
的Cock 'n' Bull 藝廊。

DISHOOM

在復古孟買風味餐廳 大啖印度美食

● 晚餐約15～20英鎊／人
● 7 Boundary Street London E2 7JE（Shoreditch 分店）
● Shoreditch 地鐵站
● http://www.dishoom.com/

聽許多來倫敦玩的朋友都說過，這裡的印度菜非常好吃，從很像自助餐店的小吃到裝潢精緻的餐廳應有盡有，其中 Dishoom 就是近年來倫敦最火紅的一家，目前在倫敦有三家分店，除了創意十足又美味的各式精緻印度菜，復古的餐廳裝潢更是大有來頭。為了重現 20 世紀初的南亞特色大眾飲食文化 Irani cafés（過去在孟買的小型精緻餐廳，最大特色是店內可見各種階級的客人齊聚一堂，無論是有錢商人、計程車司機、學生、律師等等，是當時罕見的特殊文化），店內隨處可見的木質基調裝潢、來自孟買的家具、牆上的舊照片，都充滿了濃濃的英式殖民風格。菜單上的印度料理講求經典重現，濃郁的印度咖哩醬料、碳烤的鮮嫩肉類海鮮，以及拉茶中帶有辛香料的道地口味，都讓人一再回味。去之前記得一定要訂位，不然時常要排上一小時隊。

1.2. 充滿濃厚應是殖民風格的裝潢陳列。
3. 無論是肉類、海鮮或蔬食，每道Dishoom
料理都讓人回味無窮。

1	2
	3

DOCK KITCHEN

英國名廚 與鬼才設計師 的跨界合作

- 晚餐約20～30 英鎊／人
- 344/342 Ladbroke Grove Kensal Road W10 5BU
- Kensal Green 地鐵站
- http://dockkitchen.co.uk/index.php

Dock Kitchen 雖然地理位置距市中心較遠（離 Portobello Market 較近），但衝著英國知名設計師 Tom Dixton 的旗艦店就在樓下，室內裝潢也全部採用 Tom Dixton 家具，仍義無反顧跑去嘗鮮，幸好最後食物如同名聲終究沒讓人失望。餐廳位在 Grand Union Canal 運河旁，走開放式廚房及大片落地窗的明亮風格，在 Tom Dixon 美麗燈飾搭配維多利亞式的碼頭建築，與英國名廚 Stevie Parle 的創意料理相得益彰，從菜單上可看出他喜愛挑戰各國料理的野心和功夫，食材的新鮮與恰到好處的調味當然不在話下，一切創意反映在中高價位上，若是衝著廚師與設計師的跨界合作而朝聖，應該不會讓你失望。

1. 在大面玻璃窗的映襯之下，更顯Tom Dixon 風格家具的金屬設計質感。 2. 當日新鮮食材與創意烹調，創造完美味蕾享受。3. 用餐前可先逛逛一樓的Tom Dixon 旗艦店。

咖啡因上癮

英國人身為歐洲大陸上最勤奮工作的民族之一，每天一早補充點咖啡因提振精神再重要不過了！在連鎖咖啡廳充斥的倫敦，四處可見COSTA、Caffè Nero、Starbucks、Pret a Manger，不過沒想到這股「咖啡癮」最早可追溯到17世紀，咖啡和茶幾乎在差不多時間來到英國，當時數以十計的咖啡屋開始出現在倫敦大街小巷，爾後的發展更反映了咖啡屋之於英國相當重要的時代意義：文學的孕育地（當時作家或詩人很喜歡將作品給陌生人看以得到回饋）、創意的交流、政治家的演說平台（僅需要花一點點入場費就能在咖啡屋裡發表高見），甚至科學的重大突破（在咖啡屋裡解剖動物）、股票的起始交易等等，這些有趣的歷史文化大概打破不少人對於英國的刻板印象（包括我自己），誰說英國傳統中只有茶出名呢？

時至今日，「下午茶」的定義早就不再侷限在「茶」本身，即使茶之於英國人仍是無可取代的國民飲品，一杯咖啡的振奮人心，從三百年後的倫敦看來，歷經國際大廠牌進駐，各地仍然滿溢著獨立咖啡廳，咖啡必定會繼續在英國歷史上扮演重要的文化要角，而我也依舊會沉迷於倫敦這城市招牌的濃醇咖啡香，繼續開心成癮。

232 ——— 6.2 咖啡因上癮

TAP COFFEE

倫敦時髦潮人的
街邊咖啡廳

193 Wardour Street, London W1F 8ZF（Soho 分店）
Tottingham Court Road 地鐵站
http://www.tapcoffee.co.uk/

Tap Coffee 在倫敦市中心有三家，我最常去的是位在 Wardour Street 上的分店，因為距離 Soho 很近，每次只要去附近一帶逛街就會順道過去外帶一杯香濃拿鐵。店內是不大的長形空間，卻精緻的恰到好處，深色調裝潢搭上沉穩的木桌椅，每次點餐時，看到用撲克牌當桌牌的可愛小巧思，或是店員親切的問候聲，都讓人感覺在擁擠的市中心找到一席歇息角落的自在。更不用說 Tap Coffee 對於高品質咖啡豆取得的堅持，並以小量烘培以確保咖啡保有不同產地原始果實的特色風味，我特別喜歡其特殊的木質香氣，這也是 Tap 在眾多倫敦咖啡廳中始終能熱門的原因。

Tap Caffee 的創意集點卡，
集滿六位騎腳踏車男子即可兌換一杯免費咖啡。

©Ethan Chau

MONMOUTH COFFEE

倫敦名氣最大的冠軍咖啡

27 Monmouth Street, Covent Garden, London WC2H 9EU (Covent Garden 分店)
2 Park Street, London SE1 9AB (Borough 分店)
Arch 3 Spa North, between Dockley Road and Spa Road SE16 (Bermondsey 分店)
http://www.monmouthcoffee.co.uk/

在許多倫敦人心目中，即使咖啡廳如雨後春筍般林立，Monmouth Coffee 總是占有讓人忘不了的一席地位。從 1978 年在 Covent Garden 開始了他們的手工烘培咖啡事業，一開始僅是一小間賣咖啡豆和給客人試喝咖啡的小店，後來在 Borough Market 開了另一家分店，事業越做越大，才將烘培事業搬到目前 Bermonsey 的店址繼續，並且每日外送新鮮咖啡豆到各家分店。自家烘培的香濃咖啡豆來自亞洲、非洲與美洲等不同產地，店內連牛奶和蔗糖的供應商也非常講究，難怪長久下來仍深受當地人與觀光客喜愛。

位在 Borough Market 旁的 Monmouth 分店，儘管店內空間不大，每次經過從遠遠就能聞到咖啡香四溢，也經常看到外帶咖啡的隊伍大排長龍。

CRAFT LONDON

在倫敦大巨蛋旁 來杯工藝咖啡

- Peninsula Square, Greenwich Peninsula, London SE10 0SQ
- North Greenwich 地鐵站
- http://craft-london.co.uk

位在倫敦巨蛋 O2 Arena 不遠的 Craft London，2015 年初才剛開幕，是英國大廚 Stevie Parle 與鬼才設計師 Tom Dixon 的另一項令人興奮的跨界作品（先前介紹的餐廳 Dock Kitchen 是兩人的首次合作），包含一樓的咖啡廳及樓上兩層的餐廳和酒吧，大片落地窗在新開發的 North Greenwich 視野絕佳。咖啡廳內的暗色系工業風吧台，與 Tom Dixon 鮮藍色的家具形成美麗視覺對比，除了講究高質感的裝潢陳列，美感十足的咖啡杯、茶壺與擺盤，到烘培香醇的高品質咖啡，處處讓人印象深刻。

在 Tom Dixon 的家具上享用一杯美味咖啡，視覺與味蕾都同時得到療癒。

BULLDOG EDITION

文青創業家的
午後咖啡時光

100 Shoreditch High St, London E1 6JQ

Shoredicth 地鐵站

https://www.acehotel.com/london/dining-and-drink/bulldog-editi

位在東倫敦潮流設計旅店 Ace Hotel 一樓大廳的 Bulldog Edition，是許多自由工作者與創業家的秘密基地。平日下午造訪，大廳長桌上常可見兩排對坐的年輕人，各自埋頭敲打眼前的 Mac 筆電，或三兩人窩著沙發開會，據常去的朋友形容，那裡是東倫敦新銳創意的發源地，來到 Bulldog Edition，不只是喝厲害咖啡（由世界咖啡大賽冠軍領銜的經營團隊），也是呼吸一下周遭的創意能量。

Ace Hotel 大廳的長桌上經常坐滿兩排埋頭敲筆電的年輕 SOHO 族。

WORKSHOP COFFEE CO.

倫敦香濃咖啡的奢華首選

27 Clerkenwell Road, London EC1M 5RN (Clerkenwell 旗艦店)
最近車站：Farringdon 地鐵站
http://www.workshopcoffee.com/

第一次知道 Workshop Coffee，是在倫敦某個十大咖啡廳排行榜上，Workshop 擠下初次喝到就大為驚豔的 Monmouth 排名冠軍，在好奇心驅使下，我當然得去見識看看。第一次去到 Workshop 是在北倫敦 Clerkenwell 的旗艦店，一推開店門，就能感覺到店內不同凡響的精緻工業風裝潢大有來頭（後來才發現倫敦這種厲害工業風的餐廳或咖啡廳真的太多了，不過始終看不膩），咖啡和食物相較其他特色咖啡廳貴上一些，不過人潮還是絡繹不絕，果然，喝下一口就能感受到強烈的厚實口感，甚至喝完餘韻都會在鼻腔停留久久不散。雖然，我的咖啡店口袋名單不斷在增加，Workshop 也不算是我最愛的一家，但若無意間經過，那濃厚記憶仍然會讓人忍不住回味一番。

無論從咖啡或是餐點，都可感覺出 Workshop Coffee 的精緻品味。

MONOCLE CAFÉ

英倫品味風格雜誌的日系咖啡廳

18 Chiltern Street, London W1U 7QA
Baker Street 地鐵站
http://cafe.monocle.com/

Monocle Café 在倫敦和東京各有一家分店,雖然稱不上是倫敦前幾名好喝的咖啡廳,但在 Monocle 雜誌的加持下,仍然是許多文青到倫敦旅遊必朝聖之地。店內最有特色的應該是販售日系風格的輕食和餐點,實惠的價格也是受歡迎的原因之一,日式咖哩飯 7 英鎊(對台灣人來説能在咖啡廳吃到沙拉冷食以外的熱飯其實滿感動的!)、厚實酥炸牛排三明治 6.5 英鎊,還有在倫敦較少見的香濃抹茶拿鐵和抹茶蛋糕,身邊嘗過的朋友都覺得很不錯。有空不妨走一趟,翻翻雜誌,享受一下倫敦道地文青風景。

All ©Ethan Chau

1	2
3	

1.Monocle Café 的招牌黑白門面。
2.店內販售日系口味的各類平價輕食。 3. 喜愛抹茶的人在倫敦不能錯過 Monocle Café!

CEREAL KILLER CAFÉ

吃遍各國玉米穀片的主題咖啡廳

139 Brick Lane, London E1 6SB（Shoreditch 分店）
Mezz 2, Stables Market, Camden, London NW1 8AH（Camden 分店）
http://cerealkillercafe.co.uk/

倫敦少有這樣開業不久後便爆紅，接著引發爭議不斷的咖啡廳，大概只有這家標榜能吃到各國奇特玉米穀片的 Cereal Killer Café！這樣西式的平民早餐配角在雙胞胎兄弟 Gary 和 Alan 的經營（行銷）下，瞬間成為 Brick Lane 的熱門咖啡廳，他們販賣世界各地超過 120 種玉米穀片，有 30 種牛奶和 20 種添加配料可選擇，將童年時的夢想在實體店面實踐，不過也因此引來源源不斷的話題和爭議，抗議人士因為廉價的玉米穀片被包裝成 3 英鎊以上的商品，憤而要與東倫敦的中產階級化奮戰，將矛頭指向 Cereal Killer Café，（即使如此還是在短時間內開了另一間在 Camden 的分店）。對外來者的我們而言，或許較難理解背後長期以來的影響力，仍然對此抱著好奇想嘗鮮，不如就留給實際考察過後的你們自個兒來定奪吧。

Cereal Killer Café 有型的雙胞胎創辦人 Gary&Alan。

店內有全世界網羅來、超過百種的玉米穀片，不止口味繁多，各種新奇包裝更是有趣看點。

CHAPTER

4-6

創意酒吧

倫敦人的日常生活裡，酒吧絕對是不可或缺的必要元素，喝酒就像補充水分一樣自然。剛來倫敦的人可能會發現一個景象，路上的 Pub 外面時常聚集一大群人喝酒談天，別以為他們在排隊，站在路邊喝酒是倫敦人最喜歡的下班娛樂。除了必造訪的傳統英式酒吧，倫敦還有許多充滿藝文氣息的創意酒吧，想看看當地年輕人都在玩什麼？來以下幾家酒吧坐坐就知道。

LA BODEGA NEGRA

偽裝成情色錄影帶店的隱藏版酒吧

● 9 Old Compton Street, London W1D 5JF
● Leicester Square 地鐵站
● http://labodeganegra.com/#Home

雖然市中心的 Soho 區總是湧入滿滿的觀光客人潮，不過依然是許多倫敦當地人假日晚上最愛與朋友小酌的熱門地點。這家 La Bodega Negra 其實是一間滿好吃的墨西哥餐廳，但就在餐廳的正背面，有個顯眼的霓虹燈招牌寫著 "Adult Video" 和 "Peep Show"，讓人初次經過時還誤以為是有點害羞的情色錄影帶店還是脫衣秀。推開門走下樓，才發現上當了！這裡是間貨真價實的時髦酒

吧，從裝潢到調酒都充滿了幽默創意。曾聽過一些造訪 La Bodega Negra 的朋友抱怨這裡的服務速度太慢，其實每到週末晚上，想在 Soho 找到間有位子的酒吧都是難事，建議大家挑平日晚上或提早訂位，經過時也別忘了拍張照喔！

NIGHTJAR

調酒媲美藝術品的
私藏爵士酒吧

● 129 City Rd, London EC1V 1JB
● Old Street 地鐵站
● https://www.barnightjar.com/

位在東倫敦知名地段 Old Street 附近，卻又滿隱密低調的爵士調酒吧 Nightjar，絕對稱得上是倫敦人心中熱門排行榜上的前幾名，行家都知道，若要週末造訪一定要先訂位，別想碰運氣。位於地下室的空間，集優雅、復古、時髦於一身，到此一遊彷彿走入舊時代的華美包廂中，耳邊還傳來慵懶的爵士藍調。

自 2010 年開幕以來便榮登世界各大調酒吧排行榜，也屢獲主流媒體好評，英國版《GQ》就揭露 Nightjar 令人驚豔的調酒秘密，正來自它與眾不同的創新手法，以及媲美藝術品的精美裝飾，讓每杯調酒看上去都像擁有各自靈魂，保證都是外面喝不到的款式，夠濃、夠特別，想尋找味蕾刺激的人，絕對不能錯過這兒。聽了會瞠目結舌的稀有調酒成分包括：白樺木樹皮、猴麵包樹果實（還能當調酒容器），甚至浮游生物！還記得初次造訪時，光是瀏覽酒單就花上不少時間（也算是種另類享受），若真的頭昏眼花還是難以抉擇，不妨直接請店員推薦，你就儘管先享受美妙的環境與音樂，等待未知的意外驚喜送上桌。

Ti Punch

NIGHTJAR

Yorkshire Punch

Horse's Neck

All @Nightjar

QUEEN OF HOXTON

東倫敦潮流
藝術屋頂酒吧

⬡ 1 Curtain Road, London EC2A 3JX
⬡ Shoreditch 地鐵站
⬡ http://queenofhoxton.com/

位在 Shoreditch 黃金地段的 Queen of Hoxton，由廢棄的舊倉庫改建而成，是一棟結合
音樂表演、夜店、酒吧、藝術活動的多元空間。夏季時的屋頂酒吧，充分展現東倫敦次文
化的活躍生命力，與周遭充斥的現代化大樓建築，形成有趣的衝突感，更是繁忙都市生活
中喘口氣的好秘境。夏日晚間還會在屋頂酒吧播放露天電影，也是當地的特色活動之一。

Queen of Hoxton 一年四季都是各大音樂派對的熱門舉辦地，
夏天一到，頂樓的屋頂酒吧更是都市中歡慶小酌的絕佳秘境。

CRATE BREWERY

運河旁的精釀手工啤酒廠

● Unit 7, Queens Yard, Hackney Wick, London, E9 5EN
● Hackeny Wick 地鐵站
● http://cratebrewery.com/

在 Hackney Wick 有一間知名啤酒廠,提供自家精釀的手工啤酒,深受東倫敦人喜愛,每到假日總是滿滿的人潮在運河旁聚集,大口喝啤酒、聽音樂,好不熱鬧。店內提供八種不同口味的啤酒,有苦味、果味、巧克力味、咖啡味等多樣化選擇,若不習慣喝啤酒的人,也可以點上一杯酸甜清涼的蘋果酒(Cider)替代。肚子餓的話,Crate Brewery 的現烤薄皮披薩和手工啤酒一樣受歡迎,特別推薦中東風味的羊肉披薩,美味的香料調味配上啤酒非常開胃,是外面吃不到的特殊口味。

1	2
3	

1.Crate Brewer 自家釀酒廠。2.外面吃不到的中東風味羊肉薄皮披薩。3.夏天一到運河旁的戶外座位總是熱鬧非凡。

FRANK'S CAFE

破舊停車場頂樓的
夏日限定酒吧

◆ 10th Floor, Peckham Multi-story Carpark 95A Rye Lane, London SE15 4ST
● Peckham Rye 地鐵站
● http://frankscafe.org.uk/

前面章節有提過，Peckham 是近年來南倫敦蓬勃發展的藝術重鎮，而這間夏日限定的屋頂酒吧 Frank's Café，就是很好的例子。將一般人不會特別注意的停車場頂樓，改建成特色屋頂咖啡廳與酒吧，每年找來不同藝術家合作，讓場地注入濃濃的藝術氣息。除了可欣賞有趣的木造建築結構 (像茅房的廁所、帳篷式吧台)，還有從南倫敦遠眺城市的遼闊全景。因為太熱門，晚上 7 點後時常要排上 1、2 小時才得以進入，現場除了賣調酒、啤酒等消暑飲品，主廚特製的各式精緻小吃餐廳更是一位難求，打算在那享用晚餐配夕陽的人一定要即早去排隊。Frank's Café 從每年 6 月開始營業至 9 月底。

在Frank's Cafe 能邊喝酒邊觀賞美麗的倫敦天際線，是一般觀光客鮮少知道的秘密景點。

THE MAYOR OF SCAREDY CAT TOWN

打開冰箱進入
地下秘密酒吧

● 12-16 Artillery Lane, E1 7LS
● Liverpool Street 地鐵站
● http://www.themayorofscaredycattown.com/

The Breakfast Club 是倫敦最火紅的美式早餐連鎖店，即使時常大排長龍，也不減當地人和觀光客對它的熱愛。不過這裡要介紹的不是早餐店，而是位在靠近 Liverpool Street 的 The Breakfast Club 店內，藏著一間令人興奮的地下秘密酒吧。想進入的秘訣就是——「打開冰箱！」在那一瞬間，光是看著旁邊正在用餐人們的訝異眼光，就已經夠滿足虛榮心了！店內的調酒與小點心雖然價格比起傳統酒吧貴上一些，不過難得來到倫敦，還是很值得朝聖一下。要注意店家不接受訂位，盡量避開假日晚上。

誰會想到知名美式早餐餐廳The Breakfast Club 內的冰箱就是秘密酒吧入口？通關密語：打開冰箱就對了！

SHERLOCK HOLMES PUB

福爾摩斯迷的
英式酒吧

● 10-11 Northumberland St, London WC2N 5DB
● Embankment 地鐵站
● http://www.sherlockholmes-stjames.co.uk/

身為福爾摩斯迷，大概不會想錯過這間 Sherlock Holmes Pub，從菜單開始就藏著滿滿的劇中角色等著偵探迷發掘。店內雖然大致上看來是間一般的英式傳統酒吧，不過有一面牆上的復古櫥櫃裡，擺放福爾摩斯與華生的模擬研究資料，也可以看到一些書中相關的小道具和照片，牆角的舊電視播放著 BBC 新福爾摩斯影集，在體驗英式傳統酒吧之餘，不妨順便感受一下名偵探的魅力。

在Sherlock Holmes 酒吧隨處可見大偵探的小細節。

GORDON'S WINE BAR

倫敦最古老的 地窖葡萄酒吧

- 47 Villiers St, London WC2N 6NE
- Embankment 地鐵站
- http://gordonswinebar.com/

距離 Sherlock Holmes Pub 不遠處,有一間 1890 年就開始經營 Gordon's Wine Bar,被認為是倫敦最古老的葡萄酒吧。除了擁有 125 年的傲人歷史,當年建造時的狄更斯風格也被保存下來,昏暗、陰鬱、狹窄的地窖,至今成為倫敦人非常喜愛的酒吧之一。店內提供各產地與年份的紅白葡萄酒、粉紅酒、氣泡酒與香檳,最受歡迎的特色是,高品質的選酒卻有著合理價格。每到晚上昏黃酒吧的各個角落到處都是人,在拱形地窖的木桶上品酒,頗有一種時空交錯的復古氛圍。

從一進門開始便能聞到地下室空間傳來的陣陣酒氣,就知道這裡有多受歡迎了!

飲酒過量,有礙健康;酒後不開車;未成年請勿飲酒。

後記・那些人與倫敦

從沒想過能用一本書與倫敦道（暫）別。

也從沒想過，明明是本旅遊書，卻在馬不停蹄寫下的過程中，不斷重複旅遊以外的日常生活細節，一遍又一遍地，整理那些與這座城市相關，難忘的人與記憶。

像是，
2012 年初夏，第一次獨自降落在希斯洛機場，從倫敦西南方小鎮 Kingston 吸到的第一口冰涼空氣；
　場台灣人齊聚的國慶晚會，遇上生命中大轉彎的瞬間；
曾一同催生今日的《倫敦，藝遊未盡》，卻遺憾無法合作到最後的前夥伴；
因倫敦結交的畢生摯友，無論距離再遠也終將彼此掛念的他；
那些才華洋溢的朋友、擦肩而過的陌生面孔、留下又走了卻不會忘記的人們。
而最後，旅行仍要回歸平凡真實的人生。

所幸這一路上，遇到的盡是滿滿的溫暖與愛，足以支撐我完成這趟比想像中孤獨的寫作歷程。

最感恩是跨越重重障礙過後，仍能一秒回到那粉紅泡泡般熟悉美好的場景畫面，我們非但沒有離開，更是永遠住下了。

Many thanks to Ethan Chau, Eric Weng, Cherng Yang, Jill Yang, Po-hao Chi, Ying Hsuan Tai, Yolanda Y. Liou, Yiche Feng, Chia-wen Liu, Ting-Tong Chang, Mei-en Lien, Apu Jan, Pei-Ying Hsieh, Flora McLean, Jack Alexander, Jon Ross, Tiffany Hsu, Donna Wilson, 佩文, 真真, and all the Londoners.

（倫敦，2012 年 6 月 19 日 - 2015 年 8 月 27 日）

A-Z 倫敦藝文景點索引

國家圖書館出版品預行編目資料

倫敦藝遊未盡：在地創意人的私房藝文靈感基地
／牛沛甯著.-- 初版.-- 臺北市：如何, 2016.01
　　256面；17×23公分 --（Happy leisure；68）

　　ISBN 978-986-136-440-7（平裝）
　　1. 旅遊　2.英國倫敦
741.719　　　　　　　　　　　　　　　　104022171

www.booklife.com.tw　　　　　　　　reader@mail.eurasian.com.tw

Happy Leisure　068

倫敦，藝遊未盡——在地創意人的私房藝文靈感基地

作　　者／牛沛甯
協力採訪／劉子瑜
封面‧內頁設計／林容伊
發 行 人／簡志忠
出 版 者／如何出版社有限公司
地　　址／台北市南京東路四段50號6樓之1
電　　話／（02）2579-6600‧2579-8800‧2570-3939
傳　　真／（02）2579-0338‧2577-3220‧2570-3636
總 編 輯／陳秋月
主　　編／林欣儀
責任編輯／尉遲佩文
專案經理／賴真真
校　　對／牛沛甯‧蔡緯蓉‧尉遲佩文
美術編輯／李家宜
行銷企畫／吳幸芳‧詹怡慧
印務統籌／劉鳳剛‧高榮祥
監　　印／高榮祥
排　　版／莊寶鈴
經 銷 商／叩應股份有限公司
郵撥帳號／18707239
法律顧問／圓神出版事業機構法律顧問　蕭雄淋律師
印　　刷／龍岡數位文化股份有限公司
2016年1月　初版